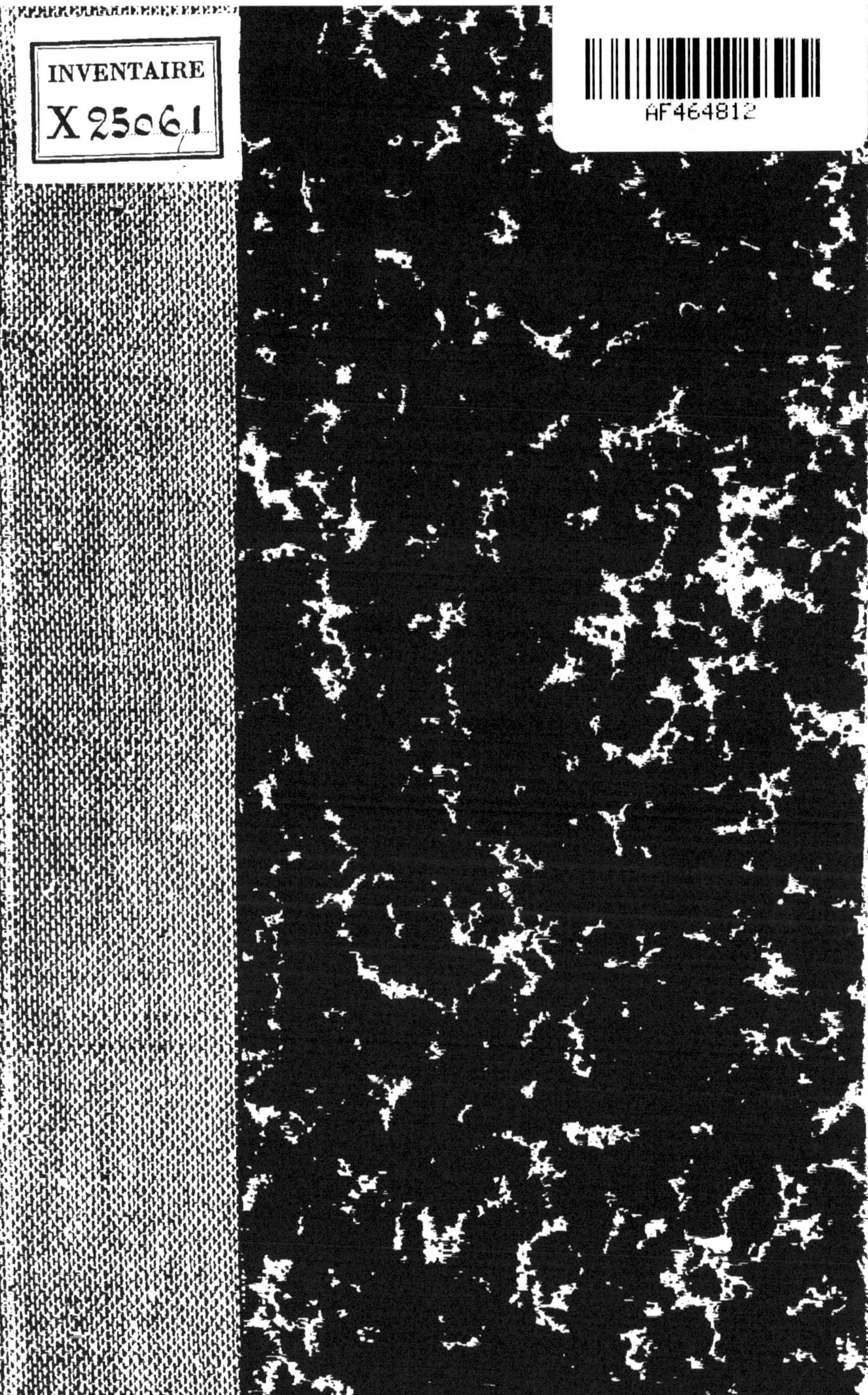

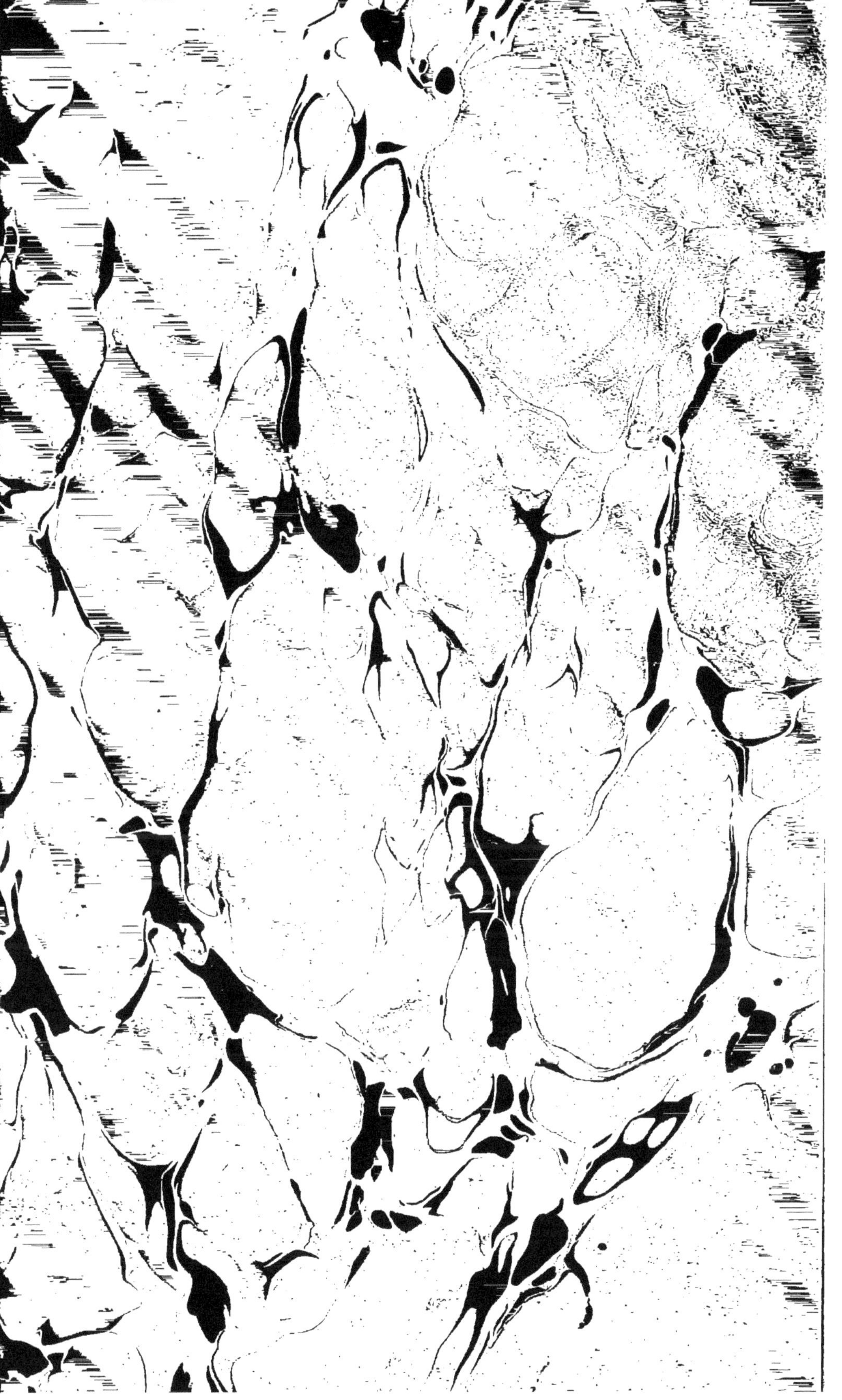

GRAMMAIRE ET VOCABULAIRE

PAR

LE GÉNÉRAL FAIDHERBE

PRÉSIDENT DE LA SOCIÉTÉ D'ANTHROPOLOGIE DE PARIS (1874).

PARIS

MAISONNEUVE ET Cie LIBRAIRES-ÉDITEURS

15, QUAI VOLTAIRE, 15

1875

ESSAI

SUR

LA LANGUE POUL

GRAMMAIRE ET VOCABULAIRE

PAR

LE GÉNÉRAL FAIDHERBE

PRÉSIDENT DE LA SOCIÉTÉ D'ANTHROPOLOGIE DE PARIS.

PARIS

MAISONNEUVE & Cie, LIBRAIRES-ÉDITEURS

15, QUAI VOLTAIRE, 15

1875

ORLÉANS, IMPRIMERIE DE G. JACOB, CLOÎTRE SAINT-ÉTIENNE, 4.

ESSAI SUR LA LANGUE POUL

ET COMPARAISON DE CETTE LANGUE AVEC LE WOLOF, LES IDIOMES SÉRÈRES ET LES AUTRES LANGUES DU SOUDAN OCCIDENTAL.

INTRODUCTION.

Ayant recueilli, en 1854, lorsque j'étais gouverneur du Sénégal, des documents sur la langue poul (1), je trouve aujourd'hui le loisir de les coordonner et de les étudier pour en déduire les règles de cette langue.

Cette étude me paraît offrir de l'intérêt, non seulement parce que les Pouls exercent aujourd'hui une action tout à fait prépondérante dans l'Afrique centrale, mais aussi parce que leur langue présente des particularités linguistiques remarquables, surtout sous le rapport de la phonologie.

Les Pouls, qui deviennent les maîtres du Soudan depuis leur conversion générale à l'islamisme, c'est-à-dire depuis moins de deux siècles, y sont peut-être anciennement venus de l'Orient, amenant avec eux le bœuf à bosse (zébu), qui est le même que celui de la Haute-Égypte et de la côte orientale d'Afrique.

(1) Je me suis procuré ces documents avec l'aide de l'interprète Ousman, un de ces indigènes sénégalais qui servent la cause française avec un dévoûment et une fidélité au-dessus de tout éloge.

Je dois aussi des remercîments à M. Descemet, de Saint-Louis, pour la bonne grâce avec laquelle il m'a fourni divers renseignements.

De quel pays venaient-ils, et à quelle souche humaine appartiennent-ils ? Ce sont là des questions difficiles à résoudre, aujourd'hui surtout que presque tout ce qu'on avait admis sur les origines de l'humanité est à remanier en présence des découvertes de l'histoire naturelle et de l'anatomie comparée. Ces découvertes étant peu vulgarisées en France, nous n'hésitons pas à les résumer en quelques lignes comme entrée en matière :

Il y a dix ans encore, l'origine de l'humanité était pour la plupart des savants et pour tout homme intelligent une énigme incompréhensible. Aujourd'hui, grâce aux idées de Lamark, naturaliste français du siècle dernier, reprises par Darwin et nettement formulées par Hœckel, le problème semble résolu de manière à satisfaire la raison, car sa solution est tirée de l'observation de la nature, seule source où nous puissions puiser la connaissance de la vérité.

La vie organique n'est devenue ce qu'elle est aujourd'hui sur la terre que grâce à un perfectionnement graduel et héréditaire, par la différentiation des fonctions.

Nos ascendants ont passé par tous les degrés, depuis une simplicité extrême d'organisation jusqu'à l'admirable complication que présente l'organisme humain, et l'homme passe encore par toutes ces phases dans le cours de sa vie embryonnaire.

Cette extrême simplicité d'organisation primitive n'en reste pas moins pour nous un mystère inexpliqué, aussi bien que la loi de progrès elle-même ; mais cette loi suffit cependant à faire connaître à l'homme son devoir sur la terre : c'est de s'efforcer de laisser après lui des descendants physiquement et moralement meilleurs que lui.

Il y a un grand nombre de millions d'années, nos ascendants, les premiers êtres vivants, étaient de simples petites masses d'albumine sans formes déterminées, s'accroissant par juxtaposition et se multipliant par segmentation, par conséquent sans organes spéciaux. Ils acquirent d'abord la faculté de se mouvoir dans l'eau, leur milieu, par le moyen de cils vibratiles.

Il prirent pour première forme celle d'une cavité ou sac dont la seule ouverture servait à la fois à l'introduction des aliments et à la sortie des excréments. Ils n'acquirent que plus tard une issue spéciale pour cette dernière fonction.

Ils leur vint ensuite des traces d'organes de sensation, c'est-à-dire de système nerveux, des yeux rudimentaires et des organes de reproduction, mais hermaphroditiques.

Puis les branches latérales des échinodermes, des arthropodes et des mollusques se séparant, nos ascendants acquirent, par la multiplication des ganglions nerveux, une ébauche de moelle épinière; alors aussi le corps se constitua en deux parties symétriques; la moelle épinière et la colonne vertébrale se perfectionnèrent ensuite, mais sans présenter encore de différentiation à leur extrémité antérieure.

Les deux sexes furent séparés, et dès lors chaque génération nécessita le concours de deux êtres différents; puis les premières vertèbres se transformèrent en un crâne renfermant un renflement de la moelle épinière, qui devint le cerveau, siége de l'intelligence; mais l'ouverture antérieure du canal digestif manquait encore de mâchoires et de narines que nos ascendants n'acquirent, ainsi qu'un système nerveux sympathique et une vessie natatoire, qu'à l'époque des dépôts siluriens (il y a douze millions d'années?).

C'est à cette époque aussi qu'ils furent pourvus régulièrement de quatre membres pour la locomotion, une paire de membres pectoraux et une paire de membres abdominaux.

A l'époque des dépôts dévoniens (il y a neuf millions d'années?), ils tendirent à devenir terrestres, pour habiter les parties émergées du globe. A cet effet, la vessie natatoire se transforma en poumons ; auparavant la respiration avait été aquatique au moyen de branchies. Les narines, jusque-là non perforées, servirent alors à l'introduction de l'air dans les poumons.

Pendant l'époque de la formation de la houille (il y a sept millions d'années?), le nombre des doigts de chaque membre se fixa régulièrement à cinq.

A la période permienne (il y a cinq millions d'années?) se sépara la branche latérale des oiseaux; quant à nos ascendants, les écailles qui les avaient couverts jusque-là devinrent des poils.

A la période triasique (il y a trois millions d'années?), ils acquirent l'organe de l'ouïe et les glandes mammaires annonçant la génération vivipare.

Puis le rectum devint distinct du canal génito-urinaire, avec lequel il était confondu, comme il l'est encore chez les oiseaux. Les mamelles se formèrent, mais les petits naissaient très-imparfaits; ils continuaient leur développement après leur naissance, dans une poche ventrale extérieure de la mère.

A l'âge tertiaire éocène (il y a six cent mille ans?) se forma le placenta, fournissant plus complètement à l'alimentation du fœtus pendant la vie intra-utérine, ce qui rendit la poche marsupiale inutile. Des ongles se substituèrent aux griffes, et le système dentaire se fixa à trente-deux dents.

Pendant la période tertiaire miocène (il y a quatre cent mille ans?), nos ascendants acquirent la station droite; leurs mains se différencièrent de leurs pieds.

Cependant leur cerveau s'était considérablement développé, et à l'époque tertiaire pliocène (il y a deux cent mille ans?) ils étaient aptes à acquérir peu à peu le langage articulé et à devenir des hommes à peu près semblables à ceux, plus perfectionnés encore, que nous voyons aujourd'hui.

Hœckel attribue au langage articulé plusieurs centaines de mille ans d'existence; d'autres disent vingt mille seulement. On comprend combien ces appréciations de temps, comme toutes celles que nous avons indiquées ci-dessus et qui sont déduites de l'épaisseur des différents terrains géologiques et de la vitesse de formation des dépôts du Mississipi, sont incertaines. Mais en présence de la grande antiquité des annales de certains peuples, dénonçant déjà une civilisation avancée, le chiffre de vingt mille ans, pour l'âge du langage articulé, paraît bien faible.

Quoi qu'il en soit, il est certain que l'invention du langage articulé permettant aux hommes de se communiquer l'un à l'autre leurs pensées, leurs observations, leurs connaissances acquises, faisant de toute découverte une propriété commune, multipliant ainsi, dans une énorme proportion, le domaine, la puissance de l'intelligence, cette acquisition fut un progrès décisif qui établit une démarcation définitive et infranchissable entre l'homme, même sauvage, et les animaux.

Hœckel a donné, à la suite de la doctrine que nous

avons résumée plus haut en quelques mots, une classification des races humaines. M. Frédéric Müller, en conformité d'idées avec Hœckel, a fait une semblable classification, basée également sur la nature des chevelures. Ces classifications, discutables dans certains détails, en ce qui concerne des peuples peu connus, sont très-satisfaisantes dans leur ensemble.

L'une et l'autre distinguent les Pouls des nègres d'Afrique. C'est une opinion que nous avons émise depuis longtemps, et que nous discuterons plus loin.

M. Frédéric Müller admet dans sa classification un *homo primigenius* qui n'était pas encore doué de la parole et qui présentait plusieurs variétés distinctes.

Les anthropologistes français étaient généralement convenus que, la parole articulée distinguant seule radicalement l'homme des animaux, les précurseurs de l'homme ne devaient pas être désignés par le nom d'hommes, lorsqu'ils ne possédaient pas encore cet attribut. On comprend que ce n'est là qu'une affaire de mots, de convention. La seule chose importante, c'est de savoir si, chez cet être, qu'on l'appelle homme ou non, le langage a pris naissance sur un seul point, en une seule fois, ou bien d'une manière multiple, sous le rapport des lieux et des temps. Or, l'irréductibilité des langues humaines à une seule souche prouve que la seconde hypothèse est la vraie. Si l'homme n'eût acquis cette faculté, conséquence des progrès de son organisation, que d'une manière unique, le langage fût resté sensiblement le même dans sa descendance, ou du moins on trouverait dans toutes les langues des traces de cette origine commune. La diversité extrême des langues et de leurs procédés prouve qu'elles ont été créées indépendamment les unes des autres, et probablement à des époques très-différentes. Comme, en outre, les principales familles irréductibles de langues correspondent d'une manière générale aux grandes races de l'humanité, nous admettons que le langage a pris naissance d'une manière indépendante chez diverses variétés distinctes de ce que M. Müller appelle l'*homo primigenius,* de ce que les anthropologistes français appellent les précurseurs de l'homme.

Cet *homo primigenius* avait déjà un attribut important de l'humanité, la station droite parfaite, cause décisive d'immenses progrès ultérieurs. En effet, du moment où il avait la disposition complète de ses membres thoraciques, devenus inutiles à la locomotion, l'usage qu'il en fit continuellement pour saisir, casser, éplucher, etc., les perfectionna et leur donna une grande adresse, ce qui lui permit de se construire des abris, de faire du feu, de fabriquer des armes avec du bois et des pierres, de se vêtir de la dépouille des animaux, etc.

Rendu ainsi peu à peu plus indépendant des circonstances extérieures, ayant acquis une plus grande sécurité, devenu plus maître de ses conditions d'existence, il éprouva de plus en plus le besoin d'échanger ses impressions avec ses semblables par le moyen de la voix.

L'homme n'est pas le seul qui se serve de la voix pour communiquer à ses semblables les impressions qu'il éprouve ; c'est le fait de presque tous les animaux supérieurs. On cite le *cebus azaræ* du Paraguay qui, suivant qu'il est excité par tel ou tel sentiment, fait entendre au moins six sons différents, qui provoquent chez les autres des émotions correspondantes aux siennes.

L'aboiement, qui semble être acquis ou au moins perfectionné par les chiens dans l'état de domesticité, renferme des tons très-distincts pour exprimer l'impatience, l'inquiétude, la colère, la terreur, la joie, la douleur, la prière.

Mais l'homme est le seul qui possède le langage articulé; je ne parle pas des animaux qui l'acquièrent par imitation, comme le perroquet. Du moment qu'ils n'y attachent aucun sens, ce n'est plus du langage, car le langage suppose le concours de l'intelligence aussi bien que l'usage des organes de la voix, et la poule, qui glousse pour appeler ses petits à la pâture, parle certainement plutôt que le perroquet, qui articule parfaitement une phrase sans la comprendre.

Avant même que l'être qui devint l'homme eût l'idée de communiquer ses pensées par les sons de la voix, il devait déjà exprimer sans raisonnement ses sensations diverses par des *cris* spéciaux dont tous ses semblables, au moins dans une même variété, comprenaient la valeur. La série de ces cris spontanés et non encore raisonnés était chez lui plus complète que chez le *cebus azaræ*, le chien ou tout autre animal, en raison d'une plus grande variété de sensations due à la supériorité de son système nerveux et du plus grand perfectionnement de son organe vocal.

Mais après avoir poussé le cri d'effroi pour signaler un danger, un ennemi, il lui vint naturellement à l'idée d'imiter le bruit de ce danger, le cri de cet ennemi, pour en faire connaître la nature aux siens; de là les onomatopées qu'on trouve en grand nombre dans les langues, et qui doivent en être les premiers éléments conscients.

Puis ces êtres, dont l'intelligence se développait de plus en plus, comprirent qu'un son quelconque pouvait, par une simple convention, désigner un objet, une action. C'est de ce moment que le vrai langage était créé; il ne restait qu'à le compléter et à le perfectionner, ce qui fut sans doute bien long.

La connaissance des premières acquisitions du langage était transmise par les parents à leurs enfants et devenait un patrimoine de la famille ou du groupe humain, et cela avait lieu d'une manière indépendante pour des agglomérations d'hommes séparées les unes des autres par les eaux, par les montagnes, par les forêts, par la guerre. Aussi, bien loin que les différentes langues existantes ou qui ont existé proviennent d'une langue-mère primitive, créée de toutes pièces, comme on l'a généralement avancé, il me semble évident qu'il a été créé par les hommes des quantités innombrables de langages primitifs, autant qu'il y a, parmi les tribus sauvages, de modes d'arranger ses cheveux, de danser, de se vêtir, etc. ; puis par la fusion, soit pacifique, soit violente de groupes voisins, il s'opérait des fusions des langages différents, avec bénéfice des résultats acquis de part et d'autre. Par une sélection naturelle, les meilleurs mots, les meilleures règles subsistaient aux dépens des autres qu'on abandonnait.

Les groupes humains qui arrivèrent à avoir les procédés supérieurs de langage virent par là leur développement intellectuel singulièrement favorisé, et l'emportèrent sur les groupes moins bien partagés qui entraient en lutte avec eux pour l'existence. On s'accorde à dire, par exemple, que les Peaux-Rouges de l'Amérique étaient condamnés à ne pas avoir de civilisation propre par la nature même de leurs langues.

Pour en revenir à M. Frédéric Müller, il fait concorder

d'une manière générale le classement des langues avec le classement ethnique de Hœckel qu'il adopte.

Ce classement, comme nous l'avons dit, est basé sur la nature de la chevelure.

Il distingue dans l'espèce humaine deux grands genres : le genre ulotriche, c'est-à-dire à cheveux laineux : Hottentots et Papous, Cafres et nègres d'Afrique; et le genre lissotriche, c'est-à-dire à cheveux lisses. Ce dernier genre comprend deux sous-genres : le sous-genre euthycome, c'est-à-dire à cheveux droits, comprenant les Australiens, les Malais, les Mongols, les Américains et les peuples arctiques; et le sous-genre euplocome, c'est-à-dire à cheveux bouclés; ce sont les Dravidas, les Nubiens et les Méditerranéens.

Les Méditerranéens comprennent : les Basques, les Caucasiens, les Sémites asiatiques et africains (1), et les Indo-Germains; ces derniers sont à la tête de l'humanité.

Müller rapproche, comme race et comme langue, les Pouls et les Nubiens. Je ne connais pas assez les Nubiens pour avoir sur eux une opinion bien fondée, mais je me suis fait sur les Pouls une opinion basée sur une longue observation. J'accepte la place que leur assigne Müller comme race; quant à la langue, je ne connais pas de rapports entre le poul et les langues de la Nubie; mais je ne puis pas assurer non plus qu'il n'y en ait pas, ne connaissant pas assez ces dernières.

On trouve aujourd'hui bien peu de Pouls purs de tout croisement avec les noirs, depuis que cette race est de-

(1) M. Frédéric Müller appelle Sémites africains les Égyptiens et les Berbères.

venue guerrière et conquérante et a fondé des empires aux dépens des races nègres. Leurs cheveux, pourrait-on dire, sont aujourd'hui un peu plus que bouclés et se rapprochent des cheveux crêpés; mais ils ne sont certainement pas laineux comme ceux des nègres, et la distinction entre eux, sous ce rapport, est parfaitement justifiée. En outre, la couleur de leur peau n'est que brun clair ou plutôt rougeâtre; leur face est orthognate, leur nez petit en général, mais cartilagineux et de forme aquiline. En somme, leur visage est agréable au point de vue européen. Comme intelligence et comme caractère, ils sont supérieurs aux nègres; ce n'est pas que l'intelligence proprement dite des noirs, c'est-à-dire leur faculté de comprendre, m'ait jamais paru bien inférieure à celle des blancs. J'ai observé des noirs de toutes les classes, des chefs, des gens de classe moyenne, des ouvriers, des esclaves, à leur état naturel. Avec les premiers, j'ai souvent, comme gouverneur, causé politique ou commerce; j'ai observé aussi ceux qui nous sont soumis et à la portée de qui nous mettons la civilisation; j'ai vu ces derniers étudier enfants dans nos écoles; jeunes hommes et hommes faits, j'en ai formé des interprètes, des instituteurs, des employés des ponts et chaussées et des télégraphes, des sous-officiers et des officiers.

Tout ce qu'on peut dire, c'est que si, dans la jeunesse, leur intelligence paraît quelquefois même plus précoce que celle des blancs, l'âge de la puberté semble arrêter d'une manière fâcheuse leur développement intellectuel.

Quant aux qualités du cœur, ils sont très-sensibles et plus portés au dévoûment spontané que les blancs. Mais ce qui fait leur infériorité réelle, c'est le manque de prévoyance, de suite dans les idées; la force active de volonté leur fait défaut ; ils n'ont que celle d'inertie ; c'est à cause de cela qu'on peut en faire des esclaves. On ne songerait pas à faire des Arabes esclaves ; ils assassineraient leurs maîtres. On ne cherche non plus jamais à garder comme esclaves des Pouls adultes ; ils se sauveraient indubitablement.

Quant aux femmes pouls, il y a un proverbe à Saint-Louis qui dit que si l'on introduit une jeune fille poul dans une famille, fût-ce comme servante, comme captive, elle devient toujours maîtresse de la maison.

L'infériorité des noirs provient sans doute du volume relativement faible de leur cerveau. Nous manquons de données suffisantes pour leur comparer les Pouls sous le rapport de ce volume.

Quelle que soit l'origine des Pouls en Afrique, qu'ils y soient, ou non, venus de l'est du continent et même de plus loin, il est certain qu'ils ont d'abord vécu dans le Soudan à l'état de tribus de pasteurs, tributaires des chefs indigènes maîtres du sol.

Les historiens arabes nous apprennent que c'est vers le Xe siècle que les Arabes et les Berbères commencèrent à obtenir des conversions de peuples soudaniens à l'islamisme.

Le pays de Tekrour est signalé par les auteurs comme s'étant converti le premier. Tekrour était sur le Niger, en amont de Tombouktou. Le nom de Tekrour est certainement un nom berbère ; les Soudaniens ne pourraient pas le prononcer à cause de la consonne double et des deux *r* successives. Ils diraient Tokoror, ou plutôt Tokolor, à cause de la parenté de l'*l* et de l'*r* qui étaient confondus chez les Égyptiens.

La population de Tekrour était-elle poul ou non? C'est difficile à savoir aujourd'hui; mais ce qu'il y a de certain, c'est que :

1° Le mot fut adopté dans le monde musulman, dans les écrits arabes, pour désigner le soudan musulman et par suite tout le Soudan, d'où résulte que nous voyons dans nos vieilles cartes géographiques Tekrour ou Soudan ;

2° La race poul ayant été, d'une manière générale, la première à s'identifier complètement avec l'islamisme, le nom de Tekrouri (pluriel Tekarir), signifiant Soudanien musulman, lui a été plus spécialement appliqué (1).

Vers la fin du XIIIe siècle, des marabouts pouls du Niger allaient déjà chercher à convertir la contrée à l'est ; ils faisaient des pèlerinages à la Mecque. Au siècle suivant, XIVe, un État poul, mais non musulman, était fondé sur le Sénégal; les Pouls s'y convertirent et s'y croisèrent avec les noirs.

Les Maures du Sénégal leur appliquèrent, suivant l'usage, le nom de Tekrouri, lorsqu'ils furent devenus musulmans. Les noirs de notre colonie, et par suite les Français, leur donnèrent ce même nom, devenu dans leur bouche *Tokoror*, *Tokolor*, *Toukouleur*, et ils leur appliquèrent ce nom, à eux, Pouls mêlés de noirs, à l'exclusion des tribus pouls restées pures auprès d'eux, de sorte que, pour les Sénégalais, aujourd'hui *Toucouleur* veut dire *poul croisé de noir*.

Pour se désigner eux-mêmes, les Toucouleurs du Fouta

(1) Aujourd'hui le mot *tekrouri*, en Égypte et probablement aussi en Arabie, signifie marabout soudanien, poul ou non, marchand d'amulettes et diseur de bonne aventure. En Algérie, le mot *tekrouri* désigne le chanvre enivrant du Soudan, appelé aussi *kif* ou *hachich*.

sénégalais ne se donnent pas le nom de ***Foulbé,*** réservé aux Pouls purs, ni celui de ***Tokolor;*** ils se donnent celui de ***Al Poular,*** par lequel les Berbères parlant arabe désignent les Pouls.

Mais il est nécessaire que nous entrions à ce sujet dans quelques détails pour faire connaître la caste des Torodo.

Le territoire du Fouta sénégalais actuel était autrefois occupé dans l'ouest (Dimar, Toro, Fouta central) par des Wolofs, et dans l'est (Damga) par des Malinké de la nation Socé ; la rive droite était au pouvoir des Maures. Un chef poul, nommé Koly-Ténéba, probablement déjà musulman, vint avec sa famille chez les Séréres-Sine, dont le pays est situé entre le Cap-Vert et la Gambie, et où il fut parfaitement accueilli par le roi, qui épousa sa sœur. Des Pouls, plus ou moins nombreux, vinrent se joindre à lui, se mêlant aux Sérères ; de là, sans doute, le grand nombre de mots communs que nous trouvons dans les deux langues. Koly-Ténéba, devenu ambitieux, fit, avec l'aide de son beau-frère, la conquête du Toro, qui s'étendait alors dans le sens de l'est et de l'ouest plus que la province actuelle. Une partie des habitants wolofs se fondit avec les conquérants et forma avec eux la race croisée des Torodo.

Voilà donc une tradition sur l'origine des Torodo, qui présente des caractères de réalité.

Voici maintenant une autre tradition sur la conquête générale du Fouta sénégalais par les Pouls ; est-elle bien distincte de la première ? On en jugera. Le conquérant s'appelle encore *Koly ;* il portait le titre de *Saltigué ;* il serait venu du *Foula dougou* (mot qui veut dire pays des Pouls, en langue malinké), contrée située entre le Haut-

Sénégal et le Haut-Niger. *Koly* fit la conquête de tout le pays, depuis le Damga jusqu'aux frontières du Walo. Les Socé du Damga furent sans doute refoulés dans le Ouli. Les Wolofs, qui ne voulurent pas subir la conquête, se réfugièrent dans les pays wolofs de la côte, où on sait encore les distinguer à leurs noms de tribus.

La nation poul qui suivait ce Koly s'appelait dénianké ou délianké. La tradition dit qu'elle était un peu croisée de Maures tadjakant (Berbères). Ce Koly aurait fait la paix avec le Walo en épousant la fille du Brak. On voit qu'il y a des points de contact entre ces deux traditions : les noms des conquérants, les alliances avec les familles royales sérère ou wolof, etc.

Malgré cela, nous sommes porté à les regarder comme distinctes, et nous croyons à un mélange de Pouls avec des Sérères, à leur établissement dans le Toro et à leur croisement avec les Wolofs de cette province avant l'invasion des Dénianké, car, sans cela, on ne pourrait expliquer l'origine de la caste des Torodo, Pouls croisés de noirs, parlant poul et déjà convertis à l'islam lorsque le Toro fut conquis avec le reste du Fouta par les Dénianké.

Le Dénianké qui fut chargé par le Saltigué de gouverner sous ses ordres la province du Toro prit le titre de *Lam-Toro*, titre qui avait sans doute été créé et porté par Koly-Ténéba; les chefs sérères portaient et portent encore le titre de *Laman*.

Quoi qu'il en soit, tout ceci nous fait voir qu'il y a eu, depuis des temps assez reculés, bien des alliances des Pouls avec les Sérères et les Wolofs, dans les pays mêmes de ces derniers; et c'est comme cela que nous nous expliquons le grand nombre de Wolofs et de Sérères qui, quoique tout à fait noirs, ont des traits qui nous plaisent plus que ceux de la race nègre pure.

Au commencement du XVIIIe siècle eut lieu, dans le Fouta, une révolte que les développements précédents nous font parfaitement comprendre ; les Torodo étant devenus tous des musulmans fanatiques, se révoltèrent contre les Dénianké non encore convertis ou mauvais musulmans. Dans cette circonstance, le Lam-Toro dénianké trahit son parti et se mit avec les Torodo. Le pouvoir des Dénianké fut renversé, et l'islamisme proclamé religion de l'État, lequel fut gouverné par un chef suprême électif nommé *Almamy* (el Émir el Moumenin, prince des croyants), qui ne peut être choisi que dans la caste des Torodo.

Les Dénianké forment encore la majeure partie de la population du Damga, mais sans pouvoir politique. Le Lam-Toro, comme récompense, fut maintenu dans sa place à Guédé, par les marabouts vainqueurs, et ses descendants y commandent encore aujourd'hui avec le même titre.

Le héros de cette révolution politique et religieuse s'appelait Abdou-el-Kader. Il fut tué sur ses vieux jours par le chef du Bondou.

Depuis l'établissement de la puissance des Torodo, le Fouta sénégalais n'a cessé d'être un foyer de fanatisme, d'où les Pouls croisés de noirs et semblant avoir acquis par là des facultés nouvelles, c'est-à-dire être devenus sédentaires, cultivateurs, guerriers conquérants et fondateurs d'empire, ne cessent de proclamer des guerres saintes et s'emparent peu à peu de tout le Soudan.

Nous allons énumérer leurs conquêtes.

1° Abdou-el-Kader fonde au commencement du

XVIIIe siècle l'État théocratique du Fouta sénégalais, 4,000 lieues carrées;

2o Dans le cours du XVIIIe siècle, Sidi fonde le Fouta-dialon, 4,000 lieues carrées;

3o Fin du XVIIIe siècle, fondation du Bondou musulman par l'almamy Ibrahima, du Fouta-dialon, 2,000 lieues carrées;

4o Commencement du XIXe siècle, Othman-Fodia torodo et son fils fondent un vaste empire poul entre le Niger et le lac Tchad (royaumes de Sokoto et de Gando), 20,000 lieues carrées;

5o Au commencement du XIXe siècle, Ahmadou-Labbo fonde un État poul le long du Niger, entre Tombouctou et Ségou. Tombouctou finit par lui être soumis, 4,000 lieues carrées;

6o De 1857 à 1861, el Hadj-Omar torodo, repoussé par nous du Sénégal, fait la conquête des puissants États du Kaarta et du Ségou; ensemble 15,000 lieues carrées;

7o Les dernières nouvelles du Sénégal annoncent que Ahmadou-Cheikhou torodo, des environs de Podor, déjà maître du Djolof depuis quelques années, vient d'envahir le Cayor d'où il a chassé le Damel. Ce serait donc la fondation d'un nouvel et septième État poul, celui-ci aux dépens des pays wolofs, 5,000 lieues carrées (1).

De sorte qu'aujourd'hui les Pouls sont maîtres presque partout du Cap-Vert au lac Tchad, sur trente degrés de longitude et entre les latitudes de 10o à 15o nord, c'est-à-dire dans une zone de 80,000 à 90,000 lieues carrées.

(1) Abdou-el-Kader avait échoué, au commencement de ce siècle, dans l'invasion du Cayor.

LANGUE POUL.

Nous allons maintenant nous occuper de la langue des Pouls, et ce n'est pas ce qui les caractérise le moins au milieu des peuples qui les entourent.

Les sons de cette langue peuvent tous être représentés par des lettres de notre alphabet ; mais on n'y trouve pas nos sons *u, j, ch, x, z,* ni les sons du *kha,* du *raïn* et du *aïn* arabes.

Ainsi, les Pouls, qui donnent aux chefs qui les guident dans la guerre sainte le nom arabe de Cheikhou, ne pouvant prononcer ni le *ch,* ni le *kha,* disent Sékou.

J'introduis, parmi les lettres nécessaires pour écrire le poul, le *w* représentant le *w* anglais, le *ou* de notre particule affirmative *oui,* prononcé en une seule syllabe. Il est, en outre, nécessaire d'employer aussi la voyelle ou diphtongue *ou*, chaque fois qu'elle forme une syllabe, soit seule, soit avec une consonne qui précède. Le *w* sera toujours employé devant une voyelle avec laquelle il formera une seule syllabe; ainsi nous écrirons : *woppoudé* « abandonner », et *louadé* « s'abriter », parce qu'il y a dans ce dernier mot trois syllabes, le *ou* ne formant pas syllabe avec l'*a* : *walloudé* « aider », *ouddoudé* « former », *défowo* « cuisiner », *daddowo* « chasseur ».

Dans quelques mots, la prononciation des indigènes ne permet pas de méconnaître le son du *v, veldé* « plaire ». On ne pourrait hésiter qu'entre le son du *v* et celui de notre *u* français, *ueldé;* mais *veldé* rend réellement mieux le son indigène.

L'absence du *kha*, de cette lettre gutturale si difficile à prononcer pour les Français et qui est si commune en arabe, en berbère, en malinké, établit de suite une distinction frappante entre le poul et les langues qui se parlent autour de lui.

Autant le malinké est dur, autant le poul est doux et harmonieux. Le langage du Malinké, cette race partout en contact avec les Pouls et partout leur rivale dans le Soudan occidental, semble une suite de détonations venant du palais et de la gorge. Les *t*, les *k*, les *kh* y reviennent à chaque mot, souvent avec la voyelle *o* prononcée du gosier. Dans le poul, au contraire, les dentales et les labiales dominent; les Pouls semblent parler avec les lèvres et avec les dents, et sans faire aucun effort. La voyelle *i* est très-fréquente; les finales sont brèves; l'accent est généralement sur la pénultième syllabe. Les consonnes se redoublent très-souvent, comme en italien, donnant de l'élégance à la diction : *debbo* « femme », *bibbé* « enfants », *tiolli* « petits oiseaux ».

Cette physionomie générale des langues poul et malinké nous semble en corrélation avec la conformation des organes de la voix des peuples qui les parlent. D'une part, le Poul a une petite bouche orthognate; de l'autre, le Malinké a une grande bouche, prognate et lippue.

Les Toucouleurs (pouls croisés de nègres) ne parlent pas la langue bien purement, et dans leur bouche elle n'a déjà plus la même douceur.

C'est l'idiome des Toucouleurs du Fouta sénégalais que nous allons étudier ici. — Il présente quelques petites différences avec le poul pur et des différences plus considérables avec les idiomes pouls plus ou moins corrompus du grand empire poul compris entre le Niger et le lac Tchad.

GENRE HOMININ. — GENRE BRUTE.

Genre hominin. — Nous allons d'abord parler d'une particularité très-remarquable du poul. Parmi les langues voisines, l'arabe et le berbère ont, comme nos langues aryaques, les genres masculin et féminin, attribuant en quelque sorte un sexe même aux choses inanimées; d'un autre côté, les langues des noirs, comme la grande majorité des langues de la terre, ne connaissent pas les genres sexuels. Elles n'ont que les mots mâle et femelle, qu'on ajoute au nom d'un animal pour désigner son sexe; mais les articles, adjectifs, pronoms et verbes s'appliquent également, et sans modifications, à un être mâle ou à un être femelle.

Le poul est, sous ce rapport, comme les langues des noirs; il n'a pas de genres sexuels, mais il établit entre les êtres une distinction d'une autre nature; il les partage en deux catégories : d'une part tout ce qui appartient à l'humanité, d'autre part tout ce qui n'est pas elle : animaux, plantes, choses inanimées.

Cela forme deux genres que nous appellerons genre hominin et genre brute. Nous disons genre hominin et non pas genre humain, parce que cette dernière expression a déjà une acception vulgaire différente.

Ce que nous signalons ici dans le poul se retrouve dans certaines langues américaines.

Ce caractère nous semble avoir quelque chose de primitif. Le soin de se distinguer ainsi des animaux ne saurait paraître utile à des hommes qui en sont aussi loin que les peuples civilisés; il se conçoit au contraire de la part de gens à l'état de nature, fiers en quelque sorte d'être sortis de la vie bestiale qui les entoure, comme les Pouls qui vivent pêle-mêle avec leurs troupeaux, au milieu des fauves.

En poul, le pronom personnel de la troisième personne, qui est identique avec l'adjectif démonstratif, diffère s'il s'agit d'un être appartenant à l'humanité ou d'un être qui est en dehors d'elle.

Pour le premier cas, le pronom personnel et l'adjectif démonstratif sont *o*, pluriel *bé;* pour le second cas, ce sont des formes variées, mais toutes différentes, comme nous le verrons plus tard.

Comme les substantifs et les adjectifs sont formés des racines verbales avec adjonction de préfixes et de suffixes qui ne sont, ces derniers, que l'adjectif démonstratif à peine altéré, il s'ensuit que tous les noms et tous les adjectifs, quand ils se rapportent à des êtres du genre hominin, ont la terminaison *o* au singulier et la terminaison *bé* au pluriel, ce qui les distingue complètement des noms et adjectifs du genre brute.

Ainsi, pour les substantifs du genre hominin, nous avons : homme, *gorko,* — femme, *debbo,* — enfant, *biddo,* — vieillard, *naédio,* — quelqu'un, *neddo,* — mari, *guendirado,* — épouse, *tiouddido,* — esclave, *diado,* — famille, *moucido,* — étranger, *kodo.*

De même pour les noms des professions exercées par les hommes : berger, *gancako,* — forgeron, *baleo,* — roi, *lamdo,* — pêcheur, *tiouballo.*

La terminaison est la même pour les adjectifs qualificatifs, les participes, les noms verbaux, les pronoms et les adjectifs démonstratifs de la troisième personne quand ils se rapportent à un substantif du genre hominin. Seulement, nous ferons observer en passant qu'ici c'est un cas particulier d'une règle générale que nous verrons plus loin, et qui exige que ces sortes de mots *riment* avec le nom auquel ils se rapportent.

Adjectifs (genre hominin). — Bon, *modjio,* — rouge, *goddioudo,* — gros, *bouto,* — gras, *paydo.*

Participes et noms verbaux. — Blessé, *pidado,* — envoyé, *nélado,* — chasseur, *daddowo,* — cultivateur, *démowo,* — chanteur, *djimowo,* — travailleur, *kilnotodo,* — penseur, *midiotodo.*

Pronoms et adjectifs déterminatifs de la troisième personne (genre hominin). — Il, lui, elle, *o, kanko,* — ce, cette, celui-là, celle-là, *o, kanko,* — qui, lequel, quelqu'un, *goto,* — aucun, *aygoto,* — autre, *godo,* — son, sien, *komako.*

Tous ces mots prennent d'autres terminaisons s'ils s'appliquent à des plantes, animaux ou objets inanimés.

Nota. — Les pronoms personnels et les adjectifs possessifs de la première et de la deuxième personne sont en dehors de cette règle, c'est-à-dire qu'ils ne sont pas en *o*, même lorsqu'ils se rapportent à des êtres humains.

Maintenant, pourquoi les Pouls ont-ils adopté *o* pour pronom personnel hominin de la troisième personne, et pour désinence spéciale à l'humanité plutôt que toute autre voyelle ?

On pourrait dire que c'est par hasard. Certes, il serait difficile d'expliquer, sans faire intervenir le hasard, les quelques millions de vocables que renferment les langues humaines. Mais nous croyons que, le plus souvent, la conformation des organes de la voix est pour quelque chose dans la création des mots. Ainsi, un son qui semble devoir être tout à fait instinctif et non raisonné, et par conséquent résulter de la conformation des organes de la voix, et qui est probablement dans chaque famille de langues un reste de la période où l'homme n'employait que des exclamations, c'est celui que l'on fait entendre pour appeler quelqu'un, qu'on prononce aussi après le nom de la personne qu'on appelle. Cela varie suivant les langues. En français, c'est le son de *é*. *Eh!* « Auguste, eh! » Chez les Arabes, c'est toujours le son de *a:* « Ia, Mohammed, a! » Chez les Pouls, c'est exclusivement *o:* « Bilal, o! »

Cet *o* est le son qu'instinctivement le Poul primitif devait émettre pour appeler son semblable, et c'est probablement à cause de cela qu'il a été conduit à en faire le pronom démonstratif spécial à l'homme, et par suite la désinence commune, obligatoire et exclusive de tout ce qui s'applique à l'espèce humaine.

Notons pourtant que les noms propres ne sont pas en *o*: *Bilal*, *Demba*, *Koly*. Mais les noms propres ont dû venir assez tard dans la création des langues.

Pluriel du genre hominin. — La langue poul est une de celles où la pluralité est indiquée avec soin dans le langage. Il y a beaucoup de langues où le pluriel ne se distingue pas ou se distingue peu du singulier dans les noms ou adjectifs. En ouolof et en sérère, langues dans lesquelles nous aurons à signaler des analogies singulières avec la langue poul, le pluriel ne se reconnaît que par l'article. Je ne connais pas de langue, au contraire, où les pluriels diffèrent autant des singuliers qu'en poul.

Qu'il nous suffise de citer pour exemple : *houndé* « chose », pluriel *koullé; saourou* « bâton », pluriel *tiabbi*. Qu'on ne croie pas que *saourou* et *tiabbi* sont des mots d'origine différente; *tiabbi* est la forme plurielle de *saourou* d'après la règle.

Le poul adopta le pronom pluriel du genre hominin *bé*, pour terminaison du pluriel de tous les mots en *o* du genre hominin, la réservant encore plus exclusivement à l'espèce humaine que la désinence *o* pour le singulier, car je ne connais pas une seule exception à cette règle du pluriel en *bé*.

Reprenant tous les mots dont nous avons donné les singuliers, nous aurons pour leurs pluriels : hommes, *worbé*, — femmes, *réobé*, — enfants, *bibbé*, — vieillards, *naébé*, — des gens, *imbé*, — maris, *guendirabé*, — épouses, *souddibé*, — esclaves, *diabé*, — familles, *moucidbé*, — étrangers, *hobé*.

Pour les noms de profession : bergers, *aénabé*, — forgerons, *wailbé*, — rois, *lambé*, — pêcheurs, *soubalbé*.

Adjectifs qualificatifs. — Bons, *modjioubé*, — méchants, *niangoubé*, — avares, *worodbé*, — rouges, *hoddioubé*, — gros, *boutitbé*, — gras, *faybé*.

Participes. — Blessés, *fidabé*, — envoyés, *nélabé*.

Noms verbaux. — Chasseurs, *raddobé*, — cultivateurs, *rémobé*, — chanteurs, *iimobé*, — travailleurs, *hilnotobé*, — penseurs, *midiotobé*.

Pronoms et adjectifs déterminatifs de la troisième personne. — Ils, elles (sujet), *bé*, — eux, elles (isolés), *kambé,* — ces, celles, *bé,* — qui, lesquels, *bé,* — leur, *komabé.*

Cette règle si générale, et qui par suite est un caractère de pureté pour la langue poul, car les exceptions sont introduites dans les langues par les éléments étrangers, cette règle s'applique naturellement au nom même de la race qui est au singulier *poullo,* et au pluriel *foulbé,* la racine verbale de ce nom étant, dit-on, *foul,* qui signifie être rouge brun.

Les noms des tribus pouls pures sont tous en *bé* : les Wodabé, les Ourourbé, les Sonabé, les Diaobé, les Lérabé, les Dialobé, etc.

Noms du genre brute. — Tandis que dans le genre hominin tous les noms singuliers sont en *o* et les pluriels en *bé,* les noms du genre brute ne présentent pas la même uniformité. Les singuliers sont en *a, é, i, o, ou, al, ol, el, am.* Ceux qui ont d'autres terminaisons sont des mots étrangers.

Les mots en *o* sont de très-rares exceptions dans le genre brute, et ils n'ont pas le pluriel en *bé : dioungo* « main », pluriel *dioudé ; morço* (mot français, amorce), pluriel *morçodji.*

La règle de formation des pluriels du genre brute est bien compliquée. Ils ont tous pour voyelle finale *é* ou *i,* mais précédée de consonnes variables, et le radical même du singulier subit des changements.

Nous avons déjà cité pour exemples : *houndé* « chose », pluriel *koullé ;* le radical est *hou* qui devient *kou ; saourou* « bâton », pluriel *tiabbi ;* le radical est *saou* qui devient *tiab* au pluriel par le changement ordinaire de *s* en *t* mouillé, et de *ou* en *b.* Nous citerons encore : *feddé*

« compagnie », pluriel *pellé;* le radical est *fé* qui devient *pé; wédou* « lac », pluriel *bélo;* le radical est *wé* qui devient *bé.*

En voilà assez pour montrer combien la formation des pluriels est compliquée ; nous allons en donner quelques règles, d'abord pour les terminaisons.

Désinences des noms pluriels du genre brute. — Nous trouvons d'abord une espèce de pluriel régulier qui se forme en ajoutant la finale *dji* au singulier, et généralement sans autre modification : *iggou* « brouillard », pluriel *iggoudji.* Ce pluriel, assez rare pour les mots vraiment poul, est au contraire général pour les mots étrangers introduits dans la langue : mot français, *morço* « amorce », pluriel *morçodji;* mot arabe, *daa* « encrier », pluriel *daadji.*

Mots en OU. — Les mots en *ou,* assez nombreux, font le pluriel en *i : niakou* « abeille », pl. *niaki,* — *fittandou* « âme », pl. *pittali,* — *fédendou* « doigt », pl. *pédéli,* — *sabboundou* « nid », pl. *tiabbouli,* — *boundou* « puits », pl. *boulli,* — *saourou* « bâton », pl. *tiabbi,* — *nofourou* « oreille », pl. *nopi,* — *barou* « carquois », pl. *bahi,* — *lingou* « poisson », pl. *ligdi,* — *tioungou* « panthère », pl. *tioudi.*

On voit que la finale *ndou* du singulier devient *li* au pluriel ; que *rou* devient *hi;* que *ourou* devient *bi* ou *pi,* et que *ngou* devient *di,* en perdant ou en conservant le *g.*

Mots en A. — Les mots en *a* n'ont pas de désinence fixe au pluriel ; ils le font en *é,* en *i,* en *dji : lana* « embarcation », pl. *ladé,* — *norowa* « crocodile », pl. *nodi,* — *mbaba* « âne », pl. *bamdi.*

Mots en NDÉ. — Beaucoup de noms en *ndé* font le

pluriel en *lé : hitandé* « année », pl. *kitalé,* — *houndé* « chose », pl. *koullé,* — *dabboundé* « hiver », pl. *dabboulé.*

Mots en ÉRÉ. — Ils suppriment le *ré* final au pluriel : *bakkéré* « limon », pl. *bakké,* — *foddéré* « graine de melon », pl. *poddé,* — *hitéré* « œil », pl. *guité.*

Mots en I. — Les mots en *i* font leur pluriel en *é* ou en *i* sans règles fixes. Mais ce qu'il y a de particulier à leur égard, c'est que cette désinence semble affectée par les Pouls à tout ce qui se rapporte au règne végétal : arbre, *léki,* pl. *lédé,* — figuier sauvage, *diwi,* pl. *dibbé,* — baobab, *boki,* pl. *bohoudé,* — caïlcédra, *kahi,* pl. *kahé,* — coton, *bouki,* pl. *boukédji.*

Nous avons encore : cosse de gonaké, *gaoudi,* — cendre provenant des plantes, *ndondi,* — parfum provenant des plantes, *koouri,* — ronier, *doubbi,* — remède (végétal), *lekki* (c'est le mot plante), — ombre (d'un arbre), *boubri,* — mil, *gaouri,* — petit mil, *niarikali,* — terre cultivable, *leydi,* — fleur, *pindi.*

Il est incontestable qu'il y a là une coïncidence remarquable et que *i* caractérise le règne végétal.

Mots en AL. — Les mots en *al* qui sont quelquefois des augmentatifs et ceux en *gal* (ces derniers noms d'instruments) font leur pluriel en *é, lé, dé : guerlal* « perdrix », pl. *guerlé,* — *diardougal* « pipe », pl. *diardoulé,* — *bétirgal* « mesure », pl. *bétirdé.*

Mots en OL. — Les mots en *ol* font leur pluriel en *li, bi, di : ourol* « bonne odeur », pl. *ouréli,* — *djimol* « chanson », pl. *djimdi,* — *lawol* « chemin, loi, religion », pl. *labi,* — *kelgol* « avarie », pl. *keldi.*

Mots en EL. — Les mots en *el* sont des diminutifs; ils font leur pluriel en *ogne, kogne :* petit enfant, *tioukalel,* pl. *tioukalogne,* — petite calebasse, *niédounguel,* pl. *niédoukogne,* — petite bête, *baroguel,* pl. *barékogne,* — petit ruisseau, *tialouguel,* pl. *tialoukogne.*

Mots en AM. — Les mots en *am* ne sont pas nombreux; leur pluriel est en *é: diiam* « eau », pl. *didjié.*

Pour ces mots encore, nous aurons une observation intéressante à faire. Tous ceux que je connais désignent des liquides ou des corps tirés des liquides : eau, *diiam,* — sang, *djidiam,* — lait, en général, *koçam,* — lait frais, *biradam,* — lait aigre, *kadam,* — beurre (extrait du lait), *nébam,* — sel (de l'eau de mer), *landam,* — ulcère (qui suppure), *réowam.*

On voit encore ici la singulière et caractéristique tendance du poul à affecter certains sons à certains ordres d'idées. Il n'y a pas, je crois, de langue dans laquelle la phonologie joue un rôle aussi prépondérant.

Changements dans le radical au pluriel. — Comme nous l'avons vu, le nom ne change pas seulement sa désinence au pluriel ; il change encore quelquefois les consonnes du radical.

Ainsi, dans le genre hominin, le nom change pour former le pluriel :

Les initiales	*p*	du singulier en	*f.*
—	*gn, g* (dur), *k*	—	*h, w.*
—	*b*	—	*w, v.*
—	*nd, d*	—	*r.*
—	*t* (mouillé)	—	*s.*
—	*dj, ndj*	—	*i.*

Exemples : Poullo « poul », pl. *foulbé,* — *ganéako* « berger », pl. *hanéabé,* — *kodowo* « joueur d'instrument à cordes », pl. *hodobé,* — *badido* « cavalier », pl. *wadotobé,* — *daddowo* « chasseur », pl. *raddobé,* — *tianowo* « tisserand », pl. *saniobé,* — *djimowo* « chanteur », pl. *iimobé.*

Comme si ce n'était pas assez pour le poul d'avoir distingué le genre hominin du genre brute par une terminaison spéciale, il l'en distingue encore, chose singulière, en appliquant, dans le genre brute, une règle tout à fait inverse de la précédente pour le changement des consonnes du radical, du singulier au pluriel.

Ainsi, dans ce dernier genre, le pluriel change :

Les initiales	*f*	du singulier en	*p.*
—	*w, h,*	—	*k, g* (dur), *gn.*
—	*v, w*	—	*b.*
—	*r*	—	*d, nd.*
—	*s*	—	*t* (mouillé).
—	*i*	—	*dj, ndj.*

Exemples : *fittandou* « âme », pl. *pittali,* — *hitandé* « année », pl. *kitalé,* — *hiertéré* « arachide », pl. *guerté,* — *waré* « barbe », pl. *baé,* — *rouldé* « nuage », pl. *doulé,* — *soudou* « petit oiseau », pl. *tiolli,* — *iéço* « figure », pl. *djiécé,* — *védou* « lac », pl. *béli.*

Ces changements dans le radical n'ont généralement pas lieu pour les pluriels réguliers en *dji :* *séguéné* « ongle », pl. *séguénédji,* — *foulla* « marteau », pl. *foulladji.*

Pluriels des adjectifs, participes et noms verbaux. — Les adjectifs, participes et noms verbaux suivent les mêmes règles que les noms dans la formation du pluriel, tant pour la terminaison que pour les changements dans le radical.

Ainsi, dans le genre hominin : *péodo* « raisonnable »,

pl. *féobé,* — *goddioudo* « rouge », pl. *hoddioubé,* — *kouldo rédou* (1) « poltron », pl. *houlbé dédi,* — *borodo* « avare », pl. *worodbé,* — *dimo* « noble », pl. *rimbé,* — *tiéoudo* « mince », pl. *séobé.*

Dans le genre brute, inversement : *wiltoundé* « touffu », pl. *biltoudé,* — *houddoundé* « trouble », pl. *gouddoudé,* — *iettorou* « reconnaissant » (chien), pl. *djettodji.* Ce même mot *reconnaissant* ferait, au genre hominin, au singulier *djettowo,* et au pluriel *iettobé.*

Variations des adjectifs, participes et noms verbaux suivant le nom auquel ils se rapportent. Changements dans le radical et rime. — Nous arrivons à quelque chose de plus singulier encore que les règles d'euphonie qui précèdent. Ce sont les modifications euphoniques que les substantifs font subir dans leur radical aux adjectifs, participes et noms verbaux qui se rapportent à eux, et enfin la rime qu'il leur impose.

Un exemple fera de suite saisir la chose. Prenons l'adjectif *rouge,* et appliquons-le à des mots divers, au singulier et au pluriel ; nous aurons :

Personne rouge,	*neddo,*	*godioudo.*
Personnes rouges,	*imbé,*	*hodébé.*
Cheval rouge,	*poutiou,*	*ngodioungou.*
Chevaux rouges,	*poutchi,*	*goddioudi.*
Jument rouge,	*ndiarlo,*	*mbodého.*
Juments rouges,	*diarli,*	*bodéhi.*
Livre rouge,	*deftéré,*	*hodéré.*
Livres rouges,	*defté,*	*bodedjé.*

(1) *Kouldo rédou,* mot à mot « impressionnable du ventre ». Comme on le voit, les deux mots se mettent au pluriel.

Pagne rouge,	*oudéré,*	*hoddioudé.*
Pagnes rouges,	*goudé,*	*goddioudé.*
Ceinture rouge,	*dadoungal,*	*bodéwal.*
Lion rouge,	*barodi,*	*bodéri.*
Chèvre rouge,	*béwa,*	*godiouba.*
Chèvres rouges,	*béi,*	*godioudi*
Petite bête rouge,	*baroguel,*	*ngodiounguel.*
Petites bêtes rouges,	*barékogne,*	*goddioukogne.*
Eau rouge,	*ndiiam,*	*mbodéham.*

Voilà donc seize formes de l'adjectif *rouge*, et ces seize formes n'ont de commun que les deux lettres *o, d*. Cependant le radical est *hod*, d'où le verbe *hoddé* « être rouge », mais il se change en *god* et en *bod*, d'après les règles de permutation des consonnes.

Il y a là des règles d'euphonie, de correspondance de consonnes qu'il serait trop long de chercher à formuler. Ces règles, un Poul illettré, car cette langue ne s'écrit pas, les observe en parlant, sans savoir qu'elles existent, comme le font les sauvages, des règles quelquefois très-compliquées, très-ingénieuses que présentent leurs langues. Phénomène physiologique très-curieux! il y a des gens qui se figurent que ce sont les grammairiens qui ont fait les règles des langues; ils ont tout au plus influé sur l'orthographe dans les langues écrites.

On a vu par les exemples précédents que l'adjectif rime avec le substantif; c'est une véritable rime intentionnelle qui n'a rien de commun avec les rimes accidentelles que présentent les langues à flexions.

Ainsi, en latin on a bien des rimes dans : *vinorum bonorum, deus maximus, rosa pulchra, templo sancto,* mais la rime n'a plus lieu si le nom et l'adjectif ne sont pas de la même déclinaison : *quercus alta, puer bonus, poeta illustris ;* en un mot, la rime n'y est pas cherchée, intentionnelle ; elle est consécutive, accidentelle.

Chez le Poul, c'est dans un besoin de l'oreille que cette règle prend naissance.

Les Pouls ont l'oreille délicate. Ainsi, en fait de musique, au lieu d'imiter le tapage infernal que font les nègres de Guinée en frappant à tour de bras sur leurs tamtams et soufflant à perdre haleine dans des dents d'éléphant qui donnent les notes les plus discordantes et produisent la cacophonie la plus épouvantable, ils ont un tout petit violon dont ils tirent des sons agréables et très-doux.

Voici les différentes formes de l'adjectif démonstratif suivant les noms auxquels il se rapporte :

Genre hominin. — Cet homme, *o gorko,* — ces hommes, *bé worbé.*

Genre brute. — Ce cheval, *ngou poutiou,* — ce bœuf, *ngué naggué,* — ces bœufs, *i nahi,* — cet arbre, *ki lekki,* — ces arbres, *dé leddé,* — ce sang, *ndam djidiam,* — cette chèvre, *ba mbéwua,* — cet oiseau, *ndou soundou,* — ces oiseaux, *di tiolli,* — cet os, *ngal djial.*

Voici maintenant le pronom relatif : il est le même que l'adjectif démonstratif.

Genre hominin. — Un Poul qui court, *poullo o dogui,* — des Pouls qui courent, *foulbé bé dogui.*

Genre brute. — Le cheval qui court, *poutiou ngou dogui,* — les chevaux qui courent, *poutchi di dogui,* — le bœuf qui court, *naggué ngué dogui,* — la chèvre qui court, *mbéwa ba dogui,* — le chien qui court, *ravandou ndou dogui,* — le lièvre qui court, *wodjéré ndé dogui,* — le lion qui court, *barodi ndi dogui,* — la poule qui court, *guertogal ngal dogui.*

Nous en resterons là sur les règles des changements euphoniques. On se demandera peut-être si elles sont bien absolues et si elles sont exactement suivies par tout le monde. Cela, je n'ai pas pu le vérifier, mais les informateurs à qui je dois ces documents n'y manquaient jamais, et comme on peut le remarquer, il y a toujours concordance parfaite dans les données qu'ils m'ont fournies. Cependant, il est probable qu'il y a une *certaine latitude* de variation, et il est évident qu'il doit y avoir des variantes suivant les lieux.

NUMÉRATION.

La numération élémentaire a dû être un des premiers besoins, une des premières inventions de l'homme. Il semble aussi que ce que l'homme a dû compter d'abord, ce sont les siens, ne fût-ce que pour savoir si, le soir venu, toute la famille était rentrée, échappant aux bêtes féroces ou aux embûches de l'ennemi. Aussi le Poul a-t-il pris pour premier nom de nombre le mot *go* avec la désinence spéciale du genre hominin. *Go* semble n'être que le pronom personnel de la troisième personne, genre hominin, *o,* renforcé par une consonne initiale.

Nous avons déjà vu que le Poul semble attacher à la finale *i* une idée de pluralité. Aussi les nombres suivants ont tous cette finale. Ce sont : *didi* « deux », — *tati* « trois », — *nahi* « quatre », — *dioï* « cinq ».

Dans *didi,* la répétition indique le nombre lui-même ; l'intention est évidente.

Quant à *dioï* « cinq », il vient du mot *dioungo* « main ». Otez la terminaison *ngo* à *dioungo*, ôtez la finale du pluriel à *dioï*, il restera *dio, diou;* c'est le même radical. On sait, du reste, que le même fait se présente dans une foule de langues. *Dioungo* est un des rares mots qui se terminent en *o*, quoique ne désignant pas un être humain; aussi son pluriel *dioudé* n'est-il pas en *bé*.

Après le nombre cinq, le Poul dit : cinq-un, *dié-go*, — cinq-deux, *dié-didi*, — cinq-trois, *dié-tati*, — cinq-quatre, *dié-nahi*, *dioï* devenant *dié*.

La dizaine a un nom particulier, *sappo*. On ajoute ensuite à *sappo*, suivi de la conjonction *i*, les neuf premiers nombres : *sappo i go... sappo i dié-nahi*. Pour *vingt* on dit *nogas;* l'*n* initial rappelle *nahi;* vingt, c'est en effet les quatre mains. Après vingt, les autres dizaines s'expriment par le pluriel *tiapandé*, du mot *sappo*, dix, suivi du nombre des dizaines. Ainsi, *trente* se dit *tiapandé tati*, ou, par abréviation, *tiapan tati*, c'est-à-dire *dizaines-trois*, et ainsi de suite.

Quatre-vingt-dix-neuf se dira *tiapandé nahi i dié-nahi*.

Cent se dit *témédéré*, qui vient du berbère-zénaga : *tomodh*. On dit en berbère-zénaga : cent cavaliers, *tomodhan inéguénoun;* c'est *timidhi* en touareg.

Mille se dit *oudjiounnéré*.

On voit, par ce que nous venons de dire, que le Poul a d'abord compté par cinq. Il a sans doute emprunté le système décimal aux Berbères qui, n'ayant eux-mêmes que les cinq premiers nombres dans leur langue, l'avaient emprunté eux-mêmes aux Sémites.

Par exception, au genre hominin, les premiers noms de nombres prennent la terminaison *o* et non *bé :* trois hommes, *worbé tato*, — cinq femmes, *réobé dioïo*.

Les nombres ordinaux se déduisent des nombres cardinaux en y ajoutant la terminaison *abo* : *goabo,* premier; *didabo,* deuxième; *tatabo,* troisième, etc.

CONJUGAISON.

Pronoms personnels sujets des verbes.

Avant de donner les conjugaisons, il est nécessaire de faire connaître les pronoms personnels sujets des verbes.

Ces pronoms sont :

Singulier : première personne, *mi,* — deuxième personne, *a,* — troisième personne, *o* pour le genre hominin, *ngou* pour le genre brute.

Pluriel : première personne, *min* si la ou les personnes à qui l'on parle sont exclues, *en* si elles sont inclues, — deuxième personne, *on,* — troisième personne, *bé* genre hominin, *di, dé* genre brute.

Il faut remarquer les deux formes de la première personne du pluriel, l'une inclusive, l'autre exclusive. Si, accompagné d'un groupe de personnes, je m'adresse à un autre groupe et lui dis : « Nous allons faire cela », je puis vouloir entendre, par « nous », moi et ceux qui m'accompagnent, mais non ceux à qui je parle; c'est la personne exclusive, *min.* Si, au contraire, j'entends par « nous », non seulement moi et les miens, mais aussi ceux à qui je parle, c'est la première personne inclusive, *en.*

On trouve cette distinction, qui est du reste très-rationnelle et souvent utile pour la clarté du langage, dans les langues mongoles et dans le tahïtien.

Les pronoms du genre brute de la troisième personne du

singulier, *ngou,* et du pluriel, *di, dé,* sont susceptibles des mêmes modifications que nous avons indiquées pour le pronom relatif et l'adjectif démonstratif.

Voyons maintenant la conjugaison.

Nous reconnaissons d'abord que les verbes pouls ont une forme spéciale pour l'infinitif, ce mode qui exprime l'action d'une manière vague, sans l'attribuer à personne et sans notion de temps. Il existe dans les langues aryaques; il s'emploie quand le verbe est complément d'un autre verbe : « Je veux partir, tu veux partir. » Les langues sémitiques ne l'ont pas. L'arabe dit : « Je veux, je pars; tu veux, tu pars ». La plupart des langues des noirs le confondent avec la racine du verbe qui sert invariablement pour plusieurs temps.

Ainsi, en wolof « aller », racine *dem : dem-na* « j'ai été »; *dem nga* « tu as été »; *dena dem* « j'irai »; *denga dem* « tu iras ». Eh bien! *dem* sert aussi d'infinitif: « Je veux aller », *beug-na dem.*

On ne peut donc pas dire qu'en wolof et en sérère non plus il y ait une forme spéciale pour l'infinitif; mais cela a lieu en poul. L'infinitif se compose de la racine du verbe suivie de la finale *dé.*

Le verbe « boire » a pour racine *hiar : mi hiar* « je bois », *a hiar* « tu bois », etc. Pour dire : « Je veux boire », « je veux » se disant *mi daïdi,* on dira : *mi daïdi hiar-dé.*

Tous les verbes pouls primitifs ou dérivés finissent en *dé* à l'infinitif : « compter » *limdé,* « couvrir » *ippoudé,* « écouter » *etindadé,* « doubler » *soowndirdé.*

Dans les modes personnels, nous avons d'abord un temps vague qui semble à la fois un présent et un passé.

Quand nous disons : « Je mange », cela ne veut pas dire que je commence au moment même à manger ; il peut y avoir longtemps que j'ai commencé à manger. Eh bien ! c'est ce sens étendu, vague, entre le présent et le passé, qu'exprime le premier temps du verbe poul ; nous l'appellerons aoriste.

VERBE *hal-dé*, PARLER.

AORISTE.

mi hali,	je parle, j'ai parlé.
a hali,	tu parles, tu as parlé.
o / *ngou* } *hali,*	il parle, il a parlé.
min / *en* } *kali,*	nous parlons, nous avons parlé.
on kali,	vous parlez, vous avez parlé.
bé / *di* } *kali,*	Ils parlent, ils ont parlé.

On voit que ce temps se forme en ajoutant *i* à la racine *hal*. Au pluriel, la consonne initiale *h* devient *k* dans tous les temps du verbe.

Nous avons ensuite le futur :

FUTUR.

mami hal,	je parlerai,
ma hal,	tu parleras,
mo / *mangou* } *hal,*	il parlera,
mamin / *maen* } *kal,*	nous parlerons,
maon kal,	vous parlerez,
mabé / *madi* } *kal,*	ils parleront.

On voit que ce temps est la racine même du verbe avec le renforcement au pluriel, et que le pronom est celui de l'aoriste précédé de la particule *ma*. C'est cette particule qui donne le sens du futur.

On a quelquefois besoin d'exprimer le présent absolu comme dans notre locution : « je suis à parler au moment même où je vous le dis ». Il y a en poul un temps pour cela ; nous l'appellerons présent absolu. Il a même deux formes :

PRÉSENT ABSOLU.

1re forme.	2e forme.	
mbédé hala,	*midoni hala,*	je suis à parler.
ada hala,	*adani hala,*	tu es à parler.
ombo / *ongou* } *hala,*	*oboni* / *ongoni* } *hala,*	il est à parler.
mbédémin / *eden* } *kala,*	*midominni* / *edenni* } *kala,*	nous sommes à parler.
odon kala,	*odonni kala,*	vous êtes à parler.
ébé / *édi* } *kala,*	*ébéni* / *édini* } *kala,*	ils sont à parler.

Je crois que plusieurs de ces personnes sont inusitées, comme : *midominni kala, edi kala, édimi kala, ongoni hala.*

On voit que ce temps se forme en ajoutant *a* à la racine. Quant au pronom personnel, pour la première forme, il semble que ce soit le pronom personnel ordinaire renforcé, redoublé. Pour la seconde forme, il y a, en outre, l'adjonction de la syllabe *ni* qui me paraît être une sorte de verbe auxiliaire, abréviation peut-être du verbe *mi woni* « je suis », ou plutôt une abréviation de la locution *inani,* dont nous allons parler ci-après.

Je trouve encore en poul un autre temps qui semble exprimer un passé plus explicite que l'aoriste, ou peut-être un passé relatif, comme l'imparfait et le plus-que-parfait :

TEMPS PASSÉ.

mi halinon,	j'ai, j'avais parlé.
a halinon,	tu as, tu avais parlé.
o / *ngou* } *halinon,*	il a, il avait parlé.
min / *en* } *kalinon,*	nous avons, nous avions parlé.
on kalinon,	vous avez, vous aviez parlé.
bé / *di* } *kalinon,*	ils ont, ils avaient parlé.

Pour former ce temps, il faut tout simplement ajouter *non* à l'aoriste. Cet *on* est nasal.

Il y a ensuite l'impératif :

IMPÉRATIF.

hal,	parle.
kalen,	parlons.
kalé,	parlez.

La deuxième personne du singulier est la racine même. La première personne du pluriel prend la terminaison *en*, et la deuxième la terminaison *é*.

Il y a encore une espèce de temps conditionnel ou exprimant doute ou interrogation avec une terminaison en *é, né, té* :

Mami rottiné doum... « je rendrai cela quand... ».

No viété « comment s'appelle-t-il? »

Mou mbiété da « comment t'appelles-tu? »

Mami totté « je donnerais ».

Mami wadéné doum « je ferais cela ».

Nous l'appellerons futur conditionnel.

Voyons maintenant les participes et noms verbaux.

Correspondant à notre participe passif, nous avons la forme en *ado* : *pidado* « frappé, blessé », de *fiddé* « frapper » ; *nelado* « envoyé », de *neldé* « envoyer ».

Pour les noms verbaux nous avons la forme en *iotodo* des verbes en *adé* : *midiotodo* « penseur », du verbe *midiadé* « penser », et la forme en *owo*, qui répond à nos mots en *eur* : *daddowo* « chasseur », du verbe *raddoudé* « chasser » ; *demowo* « cultivateur », du verbe *remdé* « cultiver » ; *djimowo* « chanteur », du verbe *imdé* « chanter ».

Nous pensons que cette terminaison doit venir du verbe *waou-dé* « pouvoir ».

Il y a encore les noms en *nido*, *inido*, *itido*, qui proviennent des verbes en *indé*.

Enfin, il existe un participe présent en *ama*, *éma*, *ima* : *lamdadé* « interroger », *lamdima* « interrogeant », *odjiédé* « avoir faim », *odjiama* « ayant faim », *diottédé* « arriver », *ndiottima* « arrivant », *diangadé* « avoir froid », *ndiangama* « ayant froid », *niagadé* « demander un cadeau », *niaguéma* « demandant un cadeau ».

Nous avons vu que le verbe *haldé* « parler », *mi hali* « je parle », change au pluriel son *h* initial en *k*. Ce n'est pas un fait particulier ; le verbe fait toujours subir à sa consonne initiale, au pluriel, les changements que nous avons indiqués pour les pluriels des noms du genre brute, c'est-à-dire qu'au pluriel des verbes :

f	se change en	*p*,
w, h	—	*k, g* (dur), *gn*,
v, w	—	*b*,
r	—	*d, nd*,
s	—	*t* (mouillé),
i	—	*dj, ndj*.

Exemples : Fiidé « frapper », fait au pluriel *pii*, — *handé* « savoir », pl. *ngandi*, — *waoudé* « pouvoir », pl. *kavi*, — *heldé* « casser », pl. *kéli*, — *hardé* « venir », pl. *gari*, — *iandé* « tomber », pl. *djiani*, — *rioudé* « renvoyer », *mi rivi* « je renvoie », pl. *ndivi*, — *signdé* « trembler », pl. *tigni*, — *wardé*, « tuer », pl. *mbari*, — *veldé* « plaire », pl. *béli*, — *waddé* « faire », pl. *ngaddi*, *badda*.

Les autres consonnes persistent au pluriel, *m, d, l, n, t*, etc.

Ainsi, *maddioudé* « être égaré », *niamdé* « manger », — *domdé* « avoir soif », — *labdé* « tondre », — *tobdé* « pleuvoir », conservent leur initiale au pluriel.

La conjugaison que nous avons donnée est celle des verbes primitifs, à racine monosyllabique.

Les verbes qui ont des racines polysyllabiques sont tous dérivés.

Voici un exemple de ces dérivations :

De la racine monosyllabique *diéo* (*iéo* diphtongue) vient le verbe *diéo-dé* « regarder », d'où provient le verbe *diéota-dé* « visiter », c'est-à-dire « regarder plus en détail », puis *diéotinda-dé* « examiner », c'est-à-dire « regarder avec plus de soin encore ».

On voit par là qu'en poul, comme dans les langues sémitiques, en faisant subir certaines modifications fixes au radical d'un verbe, on apporte dans la signification des changements déterminés ; c'est ce qu'on appelle les formes verbales.

Ainsi, l'adjonction de *ou* à la racine rend le verbe transitif; de *bondé* « être gâté », on fait *bonnoudé* « gâter ». *Nou* donne le sens de faire faire l'action : *iardé* « boire », *iarnoudé* « faire boire, abreuver ».

L'adjonction de *a* rend le verbe réfléchi : *bardé* « appuyer », *baradé* « s'appuyer ».

L'adjonction de *ndir* donne le sens de réciprocité : *soumdé* « brûler », *soumndirdé* « s'entre-brûler ».

I substitué à *ou* donne le sens inverse : *tottoudé* « donner », *tottiddé* « rendre », *ouddoudé* « fermer », *oudddiddé* « ouvrir ».

Il y a beaucoup de verbes dérivés en *indé*, mais nous ne découvrons pas la nuance de signification qu'ils présentent. Nous pensons qu'il n'y en a pas de constante : *tintindé* « avertir », *ranvindé* « blanchir », *rentindé* « s'assembler ».

Les verbes dérivés en *adé* (réfléchis) font le futur et l'impératif en *o*, l'aoriste en *i* et le présent en *a*.

Futur : *min ito* « nous nous chaufferons, « de *ita-dé*.

Impératif : *diodio* « asseyez-vous », de *dioda-dé*.

Aoriste : *o niagui* « il a demandé », de *niaga-dé*.

Présent : *o iéota* « il cause », de *iéota-dé*.

Les verbes dérivés en *indé* font l'impératif en *ou*, le futur en *a* ou en *ou*, l'aoriste en *i*.

Futur : *mami totta* « je donnerai », de *tottou-dé*.

Impératif : *notdou* « appelle », de *notdou-dé*.

Aoriste : *mi wargni* « je sais », de *wargnou-dé*.

Les verbes dérivés en *indé* suivent la règle ordinaire : *hebbindé* « remplir », — *mi hebbini* « j'ai rempli », — *midoni hebbina* « je remplis », — *hekkindé* « enseigner », — *mami hekkin* « j'enseignerai. »

A la troisième personne, quand le sujet est un substantif, on fait souvent précéder le verbe de l'expression *inani* ou, par abréviation, *ina*, avec la terminaison en *a* au verbe : *samba inani niami* « *samba* mange », — *demba inani iara* ou *ina iara* « *demba* boit », — *almamy* « l'almamy », *ina ada* « empêche », *mi* « moi », *ia-dé* « aller ».

Inani se met au pluriel comme au singulier : *traça inani haba é Fouta* « les Trarza font la guerre au Fouta ».

Qu'est-ce que cet *ina*, *inani?* Il correspond à notre expression « voilà, voilà que ». En effet, on dit :

Ndiam « eau », *e* « et », *coçam* « lait », *inani* « voilà », c'est-à-dire : « Voilà de l'eau et du lait. »

Cela veut dire aussi « il y a », car on dit :

Gouré « villages », *maoudi* « grands », *ina* « il y a », *akkoundé* « entre », *Poddor* « Podor », *é* « et », *Saldé* « Saldé ». « Il y a de grands villages entre Podor et Saldé. »

Ce mot *ina*, *inani* est donc analogue au verbe « être ». Du reste, voici le verbe « être » *(wondé)* en poul :

Aoriste, *mi woni* « je suis » ; *a woni* « tu es » ; *o* ou *ngou woni* « il est » ; *min* ou *en ngoni* « nous sommes » ; *on ngoni* « vous êtes » ; *bé* ou *di ngoni* « ils sont ».

Futur, *mami won* « je serai » ; *mamin ngon* « nous serons », etc.

Je serai dans la case, *mami won nder soudou.*

Je serai roi, *mami won lamdo.*

Mais au présent le verbe « être », dans le sens de « être quelque chose », ne s'exprime pas. Pour « je suis roi, tu es roi », etc., on dit : *komi lamdo* « ce moi, roi » ; *ka lamdo* « ce toi, roi » ; *kolamdo, kongou lamdo, komin* ou *koen lambé, koon lambé; kobé* ou *kodi lambé.*

Voici quelques phrases avec le verbe *wondé* « être » :

Bo « qui », *woni* « es-tu », *an* « toi »?

Bo « qui », *woni* « est », *kanko* « lui »? qui est-il?

An « tu », *woni* « es », *seil-am* « mon ami ».

Un verbe qui joue un rôle important, c'est le verbe « pouvoir », *waoudé* (je ne sais trop comment l'écrire, *waoudé* ou *wawdé*). Il se conjugue ainsi : *mi havi, a havi, o* ou *ngou havi, min* ou *en kavi, on kavi, bé* ou *di kavi.*

Quelquefois même la consonne initiale devient *b, mb* ou *w :*

Ada « tu », *wawi* « peux » (sais), *defdé* « faire la cuisine? »

Mbédémin bavi « nous pouvons. »

Lotché « pirogues », *mbawo-à* « peuvent pas », *noddé* « sortir » (*a* négatif).

Avec le *ta* négatif, on a *wa-ta*, qui, placé devant les modes impératif et subjonctif, forme le négatif des autres verbes.

Ce verbe prend quelquefois le sens de « vaincre » : *bé kavi Traça,* ils ont vaincu les Trarza.

Il signifie aussi « être nombreux » :

Foulbé « les Pouls », *ina* « voilà » (sont), *kévé* « nombreux ».

Ce radical entre dans la composition des abverbes *nofévi, kohévi* « beaucoup, fort », *nékévi* « en grand nombre », *koiavi* « plutôt ». Ce doit être lui aussi qui forme la terminaison des noms verbaux en *owo, djinowo* « qui peut, qui sait chanter », de *im-dé* « chanter ».

Nous venons de parler d'un *a* et d'un *ta* négatifs ; nous allons faire connaître la négation et le verbe conjugué négativement : « non » se dit *ala* ; *ala* signifie aussi « rien ». *Exemple : Ikka guerté é gaouri ala* « cette année arachides et mil, rien », c'est-à-dire « il n'y a cette année ni arachides, ni mil ».

Pour conjuguer un verbe négativement à l'aoriste, on ajoute *ali* ou *ani* :

VERBE NÉGATIF.

AORISTE.

mi hal-ali,	je ne parle pas.
a hal-ali,	tu ne parles pas.
o / *ngou* } *hal-ali,*	il ne parle pas.
min / *en* } *kal-ali,*	nous ne parlons pas.
on kal-ali,	vous ne parlez pas.
bé / *di* } *kal-ali,*	ils ne parlent pas.

Au futur, c'est *ta* qu'il faut ajouter :

FUTUR.

mami hala-ta,	je ne parlerai pas.
ma hala-ta,	tu ne parleras pas.
mo / *mangou* } *hala-ta,*	il ne parlera pas.
mamin / *maen* } *kala-ta,*	nous ne parlerons pas.
maon kala-ta,	vous ne parlerez pas.
mabé / *madi* } *kala-ta,*	ils ne parleront pas.

A l'impératif et au subjonctif, comme nous l'avons dit

plus haut, on se sert du verbe auxiliaire « pouvoir » *(waou-dé)*, rendu négatif par la désinence *ta*, et l'on dit :

IMPÉRATIF.

wa-ta hal,	ne parle pas.
wa-ta kalen,	ne parlons pas.
wa-ta kalé,	ne parlez pas.

Récnto wata bé oudioudé « prends garde qu'ils ne volent ».

On trouve encore le sens négatif exprimé par un simple *a* long : *mi and-a* « je ne sais pas » ; *mi waou-a* « je ne puis pas » ; *min baou-a* « nous ne pouvons pas » ; *bé mbaou-a* « ils ne peuvent pas » ; *mi id-a* « je ne veux pas » ; *won-a* « il n'est pas ».

Le temps en *non* prend *a* avant *non* pour exprimer la négation : *mi hal-a non* « je ne parlais pas. »

Le nom verbal exprime la négation par l'intercalation d'un *a* avant la terminaison : *lingotodo* « travailleur », *lingotako* « paresseux ».

Voilà tout ce que nos notes nous ont mis à même de dire sur le verbe poul. On trouverait peut-être autre chose en l'étudiant plus à fond, ce que nous ne sommes plus à même de faire, étant éloigné des sources d'information.

Pronoms personnels isolés et complements.

Nous avons donné les pronoms personnels sujets; il reste à indiquer les pronoms personnels isolés; ils sont : *min*, *mi* « moi » ; *an* « toi » ; *ko*, *kanko* « lui » ; *emin*, *enen* « nous » ; *onon* « vous » ; *kambé* « eux ».

Pour le genre brute, les pronoms de la troisième personne sont les mêmes que les pronoms sujets.

Voyons maintenant les pronoms personnels compléments. Prenons le verbe *fiddé* « frapper » : *bélal fii k-am* « bélal a frappé ce moi » ; *bélal fii ma* « bélal a frappé toi » ; *bélal fii bo* ou *ngou* « bélal a frappé lui » ; *bélal fii min* ou *en* « bélal a frappé nous » ; *bélal fii on* « bélal a frappé vous » ; *bélal fii bé* ou *di* « bélal a frappé eux ». Les pronoms de la troisième personne du genre brute, *ngou* et *di*, subissent toujours les modifications ordinaires.

Nous arrivons aux adjectifs et pronoms possessifs.

Les premiers sont des affixes : *pouttiou am* « mon cheval » ; *pouttiou ma* « ton cheval » ; *pouttiou mako* « son cheval » ; *pouttiou men* ou *en* « notre cheval » ; *pouttiou mon* « votre cheval » ; *pouttiou mabé* « leur cheval ».

Les mêmes affixes signifient *mes, tes, ses, nos, vos, leurs.*

Il y a des abréviations. Ainsi, l'on dit : *debbam* au lieu de *debboam* « ma femme » ; *biam* au lieu de *biddoam* « mon fils » ; *bia* au lieu de *biddoma* « ton fils » ; *bibbam* pour *bibbé am* « mes fils » ; *babam* pour *baba am* « mon père » ; *bama* pour *babama* « ton père » ; *bamako* pour *babamako* « son père », etc.

Les pronoms possessifs sont : *koam* « le mien » ; *béam* « les miens » ; *koma* « le tien » ; *béma* « les tiens » ; *komako* « le sien » ; *bémako,* « les siens » ; *komen* ou *koen* « le nôtre » ; *bémen* ou *béen* « les nôtres » ; *komon* « le vôtre » ; *bémon* « les vôtres » ; *komabé* « le leur » ; *bémabé* « les leurs ».

Au genre brute l'adjectif possessif de la troisième personne est : *ngou* au singulier, *di* au pluriel ; le pronom *kongou* au singulier, *kodi* au pluriel ; toujours avec les modifications connues suivant le nom auquel ils se rapportent.

RACINES VERBALES.

Les racines verbales sont, avec les pronoms, les premiers éléments des langues. C'est à elles que l'on peut, le plus souvent, ramener les substantifs, les adjectifs et les adverves.

Ainsi, prenons le mot *daddowo*. C'est un nom verbal, genre hominin, du verbe *raddoudé*, dont le radical *raddou* est la forme transitive de la racine verbale primitive *rad* « être chassé ». *Raddou* veut dire « chasser », *daddowo* « chasseur ». *Rad* est éminemment un mot racine ; simple dans la forme, il correspond à une idée simple, élémentaire.

Souddari, substantif, vient du verbe *souddadé*, dont le radical *soudda* est la forme réfléchie de la racine verbale primitive *soud* « couvrir », *souddé* « couvrir », *souddadé* « se couvrir », *souddari* « chose dont on se couvre, couverture ». Le mot *soud* simple et exprimant une idée simple est évidemment une racine.

Prenons encore le mot *diardougal* qui veut dire pipe. Si nous l'analysons, nous trouverons sa vraie signification :

Fumer, dans les langues du Sénégal, comme en arabe, se rend par le verbe boire (boire la fumée). Boire se dit en poul *iardé*, — racine *iar*. En ajoutant *dou*, on a le sens de faire faire. *Iardoudé* « faire boire ». En ajoutant la désinence *gal*, qui exprime l'instrument qui sert à faire une chose, et en renforçant l'initiale suivant la règle d'euphonie, on a : *diardougal*, instrument pour faire boire (la fumée), pipe.

Maintenant, pourquoi sont-ce plutôt les sons *rad*, *soud*, *iar* que tous autres qui expriment l'idée de « être chassé », de « couvrir », de « boire » ?

Nous voilà ramenés à des considérations philosophiques sur la création du langage.

Comme nous l'avons déjà dit, pour la plupart des mots, on ne peut répondre à la question que nous venons de faire. Il y a des mots, au contraire, dont on peut découvrir la raison d'être.

Ainsi « mère, père », se disent en poul *ioumma*, *baba*.

On pourrait prétendre que *ioumma* vient de l'arabe *oum* « mère », de même que des linguistes font dériver les vocables *pa*, *ma*, signifiant père, mère, de verbes aryaques signifiant protéger, produire. Mais ce serait plutôt l'inverse qui serait vrai, car dans toutes les familles de langues les plus étrangères à l'arya, *ma* désigne la mère et *ba* le père. Il y a à cela une cause toute naturelle : *ma*, prononcé en aspirant, est le geste de l'enfant qui tète, celui qu'il fait pour demander le sein de sa mère ; c'est, par suite, la syllabe qu'il prononce pour appeler, puis pour désigner sa mère. Après *ma*, le son que l'enfant prononce généralement est *ba*. Le premier son étant pris pour la mère, le second est tombé en partage au père, la seconde personne en importance pour l'enfant.

Les mots *ma*, *mama*, *ba*, *pa*, *baba*, *papa*, ne sont donc pas des mots créés arbitrairement ou intentionnellement ; ils sont la conséquence de la forme de nos organes de la voix.

Nous avons déjà parlé des onomatopées; nous croyons que le poul en présente un bon nombre. Nous pensons que la racine *hour* du verbe *hourdé* « vivre » en est une. Quel est le signe de la vie sur un homme immobile, les yeux fermés, un homme qui dort, par exemple? C'est la respiration. La respiration bruyante d'un sauvage qui s'endort, fatigué et repu de sa chasse, est un ronflement bien rendu par le son *hour*; de là *hourdé* « vivre », *hournadé* « aspirer, flairer ».

Nous avons vu que le poul affectait le son *o* à l'humanité; que pour compter le nombre « un » il avait renforcé initialement ce son et dit *go*. En combinant cela avec la racine *hor*, *hour* « respirer, vivre », qui fait *gour* au pluriel, il a fait le mot *gorko*, où *ko* n'est qu'une désinence pronominale et qui veut dire « homme ». En wolof, c'est *gour;* en sérère, c'est *kor*. Ainsi, dans ces langues, l'homme, c'est le vivant, le vivant par excellence.

C'est de ces mots *gorko*, *gour*, *kor*, que vient évidemment le mot *gorilles*, du périple d'Hannon. Hannon trouva les gorilles beaucoup plus au sud que le Sénégal, dans une contrée où l'on ne parle ni poul, ni wolof, ni sérère; mais il avait pris à l'embouchure du *Lixus* (*oued noun* ou *oued sous*) des interprètes pour continuer son voyage vers le sud; auprès des Lixites se trouvaient des Éthiopiens, et c'est évidemment parmi ces Éthiopiens qu'Hannon avait pris des interprètes pour explorer les côtes éthiopiennes; ces interprètes devaient être des Pouls ou des Wolofs, puisque ces peuples sont les premiers qu'on rencontre au sud de la Libye. Quand il leur demanda comment s'appelaient les chimpanzés (plutôt que les djina que nous appelons aujourd'hui gorilles), ils lui répondirent en disant : « Ce sont des hommes sauvages, » comme les Malais appellent leurs anthropomorphes : *orang outang* « hommes des bois ».

Nous avons dit qu'il est probable que les gorilles d'Hannon étaient des chimpanzés plutôt que des djina du Gabon; c'est que ces derniers ne peuvent guère être pris vivants.

Le mot poul *gorko* « homme » fait au pluriel *wor-bé*. Il est possible que le mot pluriel générique *wor* ait été créé avant le singulier; sa provenance de la racine onomatopée *hour* « vivre » est alors encore plus évidente.

Une onomatopée certaine, c'est *niam*, racine de *niamdé* « manger ». Le geste que fait la bouche pour dire *niam* est le même que celui qu'elle fait pour manger.

En voici d'autres :

Iar « boire ». *Iar*, prononcé en aspirant, est le geste et le bruit que l'on fait en buvant sans vase, à une mare, par exemple.

Houl, racine de *houldé* « effrayer ». Un enfant qui veut en effrayer un autre fait toujours « hou, hou ! »

Toud « cracher », *ouof* « aboyer », *dia* « rire », *hoï* « pleurer », *hal* « parler ». La lettre *l*, produite spécialement par la langue, devait désigner l'action de parler. Quand on veut imiter, en se moquant, quelqu'un qui parle, on dit : « la la la la la ».

Nous pourrions citer d'autres onomatopées; mais l'immense majorité des racines ne peut pas s'expliquer ainsi.

Par exemple, nous avons vu que « homme » se dit *gorko*, pluriel *worbé ;* femme se dit *debbo*, pluriel *réobé* (rewbé). Si nous supprimons les désinences du singulier et du pluriel, il reste *deb*, *réo* (rew).

Or, le verbe « suivre », et par suite « obéir », se dit

réodé (rewdé), racine *réo* (rew), et au pluriel du verbe ce radical devient *ndew*.

D'un côté *deb, réo* (rew), de l'autre *réo* (rew), *ndew*. On voit bien qu'on a affaire au même vocable.

Ainsi, en poul, la femme, c'est celle qui suit, « qui suit l'homme ». En effet, dans les forêts, dans les sentiers où marchait l'homme primitif, il précédait la femme chargée d'un petit, pour faire au besoin face au danger. L'homme put aussi faire la même observation sur les autres mammifères et sur les oiseaux.

Mais le mot a-t-il été créé pour signifier « femme, femelle », et a-t-il pris, par suite, le sens de « suivre », ou bien a-t-il désigné d'abord l'action de suivre et a-t-il consécutivement signifié « femme, femelle »? Nous n'oserions prononcer.

Fils, fille, se disent *biddo*, pl. *bibbé*; — cela vient peut-être de *bi* (wi), dire, parler; l'enfant serait *le parlant*.

Nous avons dit que les racines des verbes primitifs sont monosyllabiques: *niam-dé* « manger », *iar-dé* « boire », *loug-dé* « crier », *def-dé* « cuire », *ia-dé* « aller », *soum-dé* « brûler ».

Remarquons, en outre, que la plus grande partie de ces racines verbales sont formées d'une voyelle entre deux consonnances, c'est-à-dire forment une syllabe close. Nous regardons comme voyelles les diphtongues et les nasales, et nous regardons comme consonnances naturelles les consonnes doubles *br, tr, cr, bl, dj*, etc.

La grande majorité des racines verbales du wolof et du sérère sont de même forme : *rem* « cultiver », *dog* « courir », *tog* « cuire », *kham* « savoir », *maf* « abattre », *fekh* « aimer », *sof* « changer », etc.

Il en est de même en français, en latin, en grec et en allemand : lav*er*, gagn*er*, mang*er*, couch*er*, sort*ir*, for-g*er*, vend*re*...., dorm*ire*, let*are*, grav*are*, bland*iri*..... ρασσ ειν, βρεμ ειν, γλαφ ειν, στεν ειν, τρωγ ειν.... find*en*, schwind*en*, fress*en*, berst*en*, kriech*en*...., etc.

Si des langues indo-européennes nous remontons aux langues de l'Inde dont elles sont dérivées, nous voyons que les grammairiens hindous reconnaissent cette même forme à la plupart de leur racines verbales : *mouk* « délier », *bhoug* « courber », *dhag* « briller », *pat* « tomber », *stoud* « frapper », *bhidh* « lier », *rip* « répandre », *rab* « glisser », *grabh* « enclore », *nam* « courber », *kan* « briller », *tan* « étendre », *skaw* « entourer », *tras* « agiter », *gask* « aller »... Mais ici les indianistes européens n'admettent pas les données hindoues ; ils prétendent que ces radicaux sont réductibles, qu'ils ont été formés par la suffixation d'éléments pronominaux : *ka*, *ga*, *dha*, *ta*, *da*, *pa*, *ba*, *bha*, *ma*, *na*, *nu*, *wa*, *sa*, *ska*, aux seules vraies racines verbales qui seraient : *mou*, *bhou*, *dha*, *pa*, *stou*, *bhi*, *ri*, *ra*, *gra*, *na*, *ka*, *ta*, *ska*, *tra*, *ga*..., c'est-à-dire des syllabes ouvertes.

D'autres vont plus loin : par exemple, après avoir décomposé le radical *vid* « savoir » en *vi* et *d* pour *dha* « poser », ils décomposent *vi* ayant le sens de « séparer » et qu'ils disent avoir eu primitivement la forme *dvi* en deux mots : *d*, forme affaiblie du pronom démonstratif, et *vi* signifiant « éloignement », d'où *dvi* signifierait « ceci, loin ».

Mais l'imagination n'a-t-elle pas une grande part dans cette analyse à outrance, dans cette dissection des mots? Chercher à trouver l'origine, la raison d'être de *chaque lettre* dans les mots, n'est-ce pas souvent oublier à tort que les hommes, en créant le langage articulé, n'ont pas inventé les lettres, mais des syllabes toutes faites, sans se douter que, quelque dix mille ans après, des hommes intelligents, analysant la parole pour représenter, par des figures, d'abord les idées qu'elle exprime, puis les sons, trouveraient qu'il faut deux, trois, quatre, cinq lettres pour représenter une syllabe qui avait été créée comme une chose simple et une.

On ne saurait soutenir que l'homme, n'avançant que progressivement dans la création du langage, n'a d'abord, par exemple, pu prononcer que les voyelles, et qu'il n'est que par la suite parvenu à articuler les consonnes. La prononciation des consonnes initiales est une opération facile pour l'organe humain. Les animaux même les font entendre; car pourquoi disons-nous : beugler, mugir, bêler, miauler, rugir, croasser, piauler, glousser...., si ce n'est parce que les animaux dont ces verbes expriment la manière de crier font entendre les consonnes initiales : *b*, *m*, *r*, *cr*, *p*, *gl*.....?

Le singe cynocéphale du haut Sénégal, qui est le même que celui du haut Nil sculpté sur les monuments égyptiens, fait entendre dans certains moments le son qu'on obtient en détachant brusquement la langue du voile du palais, son que nous produisons pour faire marcher un cheval et qui est, je crois, ce qu'on appelle les *kliks* de la langue hottentote. Chez le cynocéphale, ce son devient quelquefois un *d* très-distinct.

Les linguistes, qui se contentent, dans l'analyse du sanscrit, d'aller jusqu'aux racines sous formes de syllabes ouvertes : *mou, da, bi*... ne se mettent pas en opposition avec l'observation qui précède sur les consonnes initiales; mais ils diront peut-être que ce n'est qu'*à posteriori* que l'homme est arrivé à articuler la syllabe close avec sa consonne finale.

A cela j'objecterai que, quand nous voulons imiter par le son de la voix un bruit naturel, nous créons de toute pièce une syllabe close. Ainsi, nous représentons par : *crac,* le bruit d'une branche qui casse ; *pouf,* celui d'un objet qui tombe à terre ; *boum,* un coup de grosse caisse ; *toc,* le bruit qu'on fait en frappant à la porte ; *clic-clac,* le bruit d'un fouet ; *pif-paf,* celui des armes à feu ; *dinn,* le son d'une cloche ; *djim,* celui des cymbales ; *tic-tac,* les battements du cœur ; *flic-flac,* le choc répété de corps mous..., etc.

La syllabe close est donc bien dans la nature, au moins pour l'homme de notre race, car notons qu'il peut y avoir, qu'il y a, dans les langages, des caractères ethniques, c'est-à-dire que la phonétique des langues s'est naturellement ressentie de la conformation ethnique des organes de ceux qui les ont créées (1).

Ainsi, par exemple, les différentes races usent plus ou moins des consonnes. Nous doutions tout à l'heure qu'il fallût admettre presque uniquement pour racines aryaques des syllabes ouvertes, mais cela existe d'une manière absolue pour le chinois ; il n'a que des monosyllabes, et ce sont des syllabes ouvertes. Les Polynésiens vont plus loin : beaucoup de leurs syllabes ne se composent que de voyelles, et plusieurs mots se suivent quelquefois sans consonnes.

A côté de cela, nous avons les Arabes qui, eux, semblent mépriser souverainement les voyelles. Les gram-

(1) Ce qui n'empêche pas que tout homme peut parler parfaitement une langue quelconque s'il a été élevé, dès son enfance, au milieu de gens parlant cette langue.

mairiens appellent leurs racines *trilitères*, c'est-à-dire trisyllabiques : *kataba* « il a écrit », *qatala* « il a tué », *rikaba* « il a monté à cheval », *charaba* « il a bu ».

Certains linguistes prétendent qu'elles proviennent de racines bilitères par l'adjonction d'adformantes modifiant le sens primitif; d'autres nient le fait. Il peut être vrai pour certaines racines, faux pour d'autres. Je ne me permettrai pas d'avoir une opinion là-dessus; mais ce que je puis dire, moi qui ai vécu longtemps en pays arabe, c'est que, dans l'usage, ces trisyllabes sont tout bonnement des monosyllabes.

Les Arabes disent : *kt e b* « il a écrit », *qt e l* « il a tué », *rk e b* « il a monté à cheval », *chr o b* « il a bu ».

Ce sont des monosyllabes de la forme dont nous avons parlé, en admettant les consonnes doubles.

Je suis porté à croire que ces vocables ont été créés comme monosyllabes et qu'ils ne sont devenus polysyllabiques que plus tard, par le fait des orateurs, des poètes et des grammairiens.

Il semble que ce sont les races énergiques qui font le plus grand usage des consonnes, ne craignant pas de les doubler, tripler. Tel mot allemand a une seule voyelle pour sept consonnes, *schwindt*. L'Arabe prononce sans peine *chrobt* « j'ai bu ».

Les Pouls et les nègres du Soudan occidental, quoique possédant et même affectionnant quelques consonnes doubles, comme *mb, nd, ng*, ne peuvent pas prononcer toutes celles que possèdent les Européens. Ainsi, nous les avons entendu transformer, suivant les lois de leur phonologie, le nom « Edmond » en *Edouma*, celui de « Baptistin » en *Batécété*, et celui de « Fulcrand » en *Filicara*.

Nous sommes, en raison de tout ce qui précède, portés à regarder comme naturelle : pour le mongoloïde, la syllabe ouverte; pour l'indo-européen, la syllabe close avec quelques consonnes doubles; pour le sémite, la syllabe close avec beaucoup de consonnes doubles; et nous retrouvons cette même syllabe en poul, en wolof et en sérère, mais avec très-peu de consonnes doubles, comme *mb*, *mp*, *nd*, *ng*.

Dans les langues dérivées, la disparition des consonnes est quelquefois une conséquence de l'adoucissement des mœurs ou de l'amollissement d'une race. C'est à la première de ces causes qu'il faut attribuer, par exemple, la perte du *t* dans le mot latin *pater*, pour faire le mot français « père »; mais c'est à la seconde cause, sous l'influence d'une chaleur excessive, qu'on peut attribuer le plus grand adoucissement encore de ce mot « père », qui devient *pè* dans la bouche d'un créole des Antilles. Les créoles suppriment toutes les *r*, cette lettre exigeant un trop grand effort pour être prononcée.

Après cette digression sur la phonologie, revenons à la grammaire poul.

INTERROGATIFS.

Les adjectifs ou pronoms interrogatifs sont les adjectifs ou pronoms démonstratifs précédés de la particule interrogative *holi*.

Ainsi c'est *holio* pour le genre hominin : « Quel homme? » *holio gorko*; « quelle femme? » *holio debbo*. Dans le genre brute, on dira : « Quelle case? » *holindou soudou;* « quel poignard? » *holiki labbi;* « quel pied? » *holingal koçongal.*

Quand un nom désignant un être appartenant à l'espèce humaine prend la terminaison en *el* des diminutifs, il cesse, par exception, d'être du genre hominin, et les adjectifs qui s'y rapportent prennent les formes propres au genre brute. Ainsi, on dira : « Quel petit enfant? » *holinguel binguel.*

PRÉPOSITIONS ET CONJONCTIONS.

Les prépositions et les conjonctions peu nombreuses se trouveront dans le vocabulaire; nous en disons plus loin quelques mots dans la syntaxe.

ADVERBES.

Nous avons déjà parlé des adverbes de quantité formés du verbe *évi* (infinitif *waoudé*), avec les préfixes *ko, no.*

Il y a aussi les adverbes de lieu, formés de la préposition *to,* indiquant « tendance vers », et des mots *nder* « intérieur (dans), *lès* « bas », *dow* « haut », *bowal* « extérieur (hors) », *yéço* « face », *tiagal* « postérieur », *bangué* « côté ». Cela donne la série : *tonder* « dedans », *tobowal* « dehors », *todow* « dessus », *tollès* « dessous », *toyéço* « devant », *totiaggal* « derrière », *tobangué* « à côté ».

(Le wolof offre une série semblable avec la préposition *tchi,* et le sérère avec la préposition *ta.*)

SYNTAXE.

Les permutations euphoniques de consonnes ne se rencontrent, à ce que nous croyons, dans aucune langue au même dégré qu'en poul. Cela nous semble encore un caractère d'archaïsme, un caractère dénotant que cette langue, sous ce rapport, se ressent de sa période originelle. Les consonnes de même nature devaient se substituer facilement l'une à l'autre chez des gens qui s'essayaient au langage. La voix peut produire des sons allant d'une manière continue de telle lettre à telle autre; il dut se passer du temps avant que ces sons ne fussent bien fixés, bien différenciés, et cette différenciation ne se trouve parfaitement établie que par l'invention de l'écriture, alors que chaque son est matériellement représenté.

Mais si la langue poul est très-compliquée sous le rapport de la phonologie, elle est d'une simplicité extrême comme syntaxe.

Le rapport de possession entre deux noms, le génitif des langues à flexion, s'exprime par la simple juxtaposition des deux noms, celui qui désigne le possesseur (le génitif) étant le second : « Le cheval de Samba » *pouttiou Samba,* « la chanson du griot » *djimol gaoulo,* « la bonté du marabout » *modjiéré tierno,* « la méchanceté du roi » *nianguéré lamdo.*

Les verbes sont en général immédiatement suivis du nom qui complète leur sens, sans l'intermédiaire d'une préposition :

Mi, je, *ialtani,* ne suis pas sorti de, *galla* (ma) maison.

Dirango, le tonnerre, *iané,* est tombé sur, *gallé* (la) maison.

O, il, *ieota*, cause avec, *bam-ma*, père ton.

On, vous, *bawa*, ne pouvez pas, *iottadé*, arriver à, *Ségow*, Ségou.

Il y a pourtant une préposition *é* qui a une signification très-vague et remplace nos prépositions *à, vers, de, en, sur, dans, avec, sous, hors de, au moyen de*.

Bé pidi, ils ont frappé, *kam*, moi, *é*, à, *rédou*, ventre.

O, il, *nel*, envoya, *ma*, toi, *é*, vers, *man*, moi.

Mi, je, *ala*, pas, *belé*, suis content, *é*, de, *sokla* (l') affaire.

Diag, soutiens, *am*, moi, *é*, en, *dow*, haut.

Mi, je, *waddo*, monterai à cheval, *é*, sur, *tiori*, bœuf porteur.

Min, nous, *lélo*, coucherons, *é*, dans, *gallé*, case, *ma*, ta.

Bé kaouri, ils se sont rencontrés, *é*, avec, *sapalbé*, des Maures.

Bé, ils, *vinda*, écrivent, *é*, au moyen de, *bindou*, écriture, *sapato*, maure.

Poftoden, reposons-nous, *é*, sous, *boubri*, ombre, *gaoudi*, gonatier, *ki*, ce (l'ombre de ce gonatier).

Mi, je, *diogui*, tire, *ndiiam*, eau, *é*, hors de, *bondou*, puits, *ma*, ton.

Ce même *é* fait ainsi l'office de nos conjonctions *et, ni*.

Sapo é dido, dix et deux, douze.

Akkoundé, entre, *Bakel*, Bakel, *é*, et, *Tagant*, Tagant.

Mi, je, *ala*, ai pas, *tiondi*, poudre, *é*, ni, *polom*, plomb.

Nos conjonctions *que, pour que, afin que*, ne s'expriment pas :

« Dis que je ne me porte pas bien ». *Bia*, dis, *mi*, je, *sell-ali*, ne me porte pas bien.

« Qui t'a dit que Sidi s'est enfui dans l'Adrar? » *Bo,* qui, *wi-ma,* dit toi, *Sidi,* Sidi, *dogui,* a fui, *to,* vers, *Adrar,* Adrar.

« Descendons à terre pour que nous nous promenions » : *Dienguen,* allons, *dow,* en haut, *ndiéloden,* promenons nous. (Quand un poul débarque de sa pirogue très-basse sur l'eau, il monte sur la berge du fleuve, souvent élevée; aussi, au lieu de dire comme nous « descendre à terre », il dit « monter en haut ».)

« Donne-moi des pagnes, afin que je me couvre » : *Tott-am,* donne-moi, *tiomci,* pagnes, *mi,* je, *souddo,* me couvrirai.

Il n'y a pas de degrés de comparaison dans les adjectifs. On remplace le comparatif par une périphrase; pour dire : « ceci est plus grand que cela », on dit : « ceci l'emporte sur cela, grand », et le verbe dont on se sert est *bouri.* Le wolof emploie le même procédé en se servant du mot *guen.*

On voit donc que la phrase poul est d'une grande simplicité; pas de cas, par suite pas d'inversions, peu de prépositions, peu de conjonctions en dehors de la simple copule, et par suite, pas de longues périodes.

Cette langue serait donc bien facile à parler dès qu'on en aurait appris le vocabulaire, sans ces règles d'euphonie que nous avons données plus haut. Mais il est probable qu'on serait intelligible, même en ne s'y conformant pas.

COMPARAISON DU POUL AVEC LES AUTRES LANGUES.

Nous avons maintenant à comparer la langue poul avec les autres langues, pour tâcher de découvrir ses affinités et ses origines.

Ce travail a déjà été fait par M. d'Eichthal, qui ne lui a trouvé d'analogies qu'avec les langues de la Malaisie, de l'archipel Indien, de la Polynésie et même des langues américaines comme le caraïbe (1).

Mais son opinion est surtout basée sur de simples ressemblances de mots, qui, en thèse générale, ne prouvent pas grand chose et dont nous aurons à discuter quelques-unes.

M. d'Eichthal conclut que les Pouls sont venus de l'archipel Indien ou de la Polynésie ; avec les idées nouvelles de Haeckel, sur le berceau commun de l'humanité, il ne serait plus nécessaire, pour expliquer ces similitudes linguistiques, de faire venir les Pouls de si loin ; il suffirait de les faire venir du continent aujourd'hui submergé que ce savant croit avoir été le berceau de l'espèce humaine.

Nous avons dit que les ressemblances de mots ne signifiaient pas grand chose ; cela est surtout vrai pour certains mots que l'on ne sait pas analyser, de manière à connaître la valeur de chacune de leurs parties. Ainsi, M. d'Eichthal rapproche *koévi* « beaucoup », en poul, de *kwek* ou *keh*, des langues de l'archipel Indien. Mais *koévi* est un mot composé de *ko* « cela », et de *hévi*, qui seul a le sens de puissance, de nombre.

Le mot « cheval », *poutchiou, poutchi*, que M. d'Eichthal suppose venir d'une langue de l'archipel Indien, vient évi-

(1) A ce sujet, nous avons un fait curieux à signaler. Il n'existe aux Antilles qu'un mammifère ; c'est un rongeur : l'agouti. Or, le rat se nomme, en berbère, *agouti*. Il semblerait que des Berbères, des Canaries peut-être, ayant été jetés aux Antilles par les vents alisés et y ayant vu un animal nouveau, lui ont donné le nom du rat, auquel ils trouvaient qu'il ressemblait.

demment du berbère zénaga : *ichi, ichou*. C'est des Berbères que les Pouls ont reçu le cheval, et ils en ont pris aussi le nom. Comme cela arrive souvent, ils ont adopté le nom pluriel *ichou* (qu'ils prononcent *itchou,* car ils n'ont pas le *ch* simple) pour singulier, et lui ont ajouté l'initiale *p* que nous allons examiner ; puis, de *poutchou,* ils ont fait, suivant la règle, le pluriel *poutchi*. L'initiale *p,* nous la retrouvons dans le mot sérère *p-is* « cheval » ; les Sérères, au lieu de remplacer le *ch* du berbère par *tch,* comme les Pouls, l'ont remplacé par *s,* suivant leur habitude qui est aussi celle des Wolofs. Du reste, nous avons cette variante en *s* chez les Touaregs, où cheval se dit *is*. On sait que dans les langues sémitiques l'*s* et le *ch* sont représentés par le même caractère et ne diffèrent que par des points diacritiques.

Quant à l'initale *p* de *poutchou,* nous avons en sérère une initiale équivalente, *fa,* dans un bon nombre de noms d'animaux : *fambot* « biche », *fanokh* « caïman », *fagnik* « éléphant », et, par ce dernier mot, nous en découvrons le sens : *gnik, gnigne* voulant dire « dent », *fagnik* veut dire : « Le père aux dents », et ce *fa* n'est que le mot sérère *fab* « père » (l'arabe *bou,* père, dans les mots composés). Nous retrouvons cette même initiale dans le mot wolof *fa-s* « cheval ». Ici c'est l'*s* qui représente seule les mots berbères *si, ichou, ichi*.

Pour les noms de nombre, M. d'Eichthal fait remarquer l'analogie des séries :

	Poul.	Diverses langues de l'archipel Indien.	
Deux,	*didi,*	*dwi,*	*doua.*
Trois,	*tati,*	*talou,*	*tatelou.*
Quatre,	*nahi,*	*naha.*	

Il semble, en effet, y avoir là quelque chose : le *d* caractérisant le nombre deux, le *t* le nombre trois, et l'*n* le nombre quatre.

Nous verrons que cela existe aussi en wolof et en sérère, et que, pour quatre, la remarque s'applique encore à d'autres langues de l'Afrique occidentale jusqu'à l'équateur. Ce qu'il y a de curieux, c'est que pour les nombres deux et trois l'analogie s'étend aux langues indo-européennes et, pour trois, aux langues sémitiques.

Cette analogie suffit-elle pour conclure que la numération poul vient de l'archipel Indien? Nous n'oserions tirer cette conclusion.

Le nombre « dix » *sappo,* M. d'Eichthal le fait venir du malaisien *sapoulo*, qui veut dire « dix » ; mais plus loin, il nous apprend que dans la même langue « trente » se dit : *talong-poulou* (trois dix). Le vrai mot qui voudrait dire « dix » serait donc la syllabe *poulo* de *sapoulo*, et dès lors, que reste-t-il de la ressemblance avec le *sappo* des Pouls, où *po* est une simple désinence?

Nous allons proposer une autre explication de ce *sappo :* « Maure » se dit en poul *tiappato,* pluriel *sappalbé* (on sait que dans le genre hominin *t* mouillé devient *s* au pluriel): Or « dix » se dit *sappo*, pluriel *tiapaldé, tiapandé* et *tiapan* par abréviation. L'on sait qu'inversement, dans le genre brute, *s* devient *t* mouillé au pluriel.

Le *ato* de *tiappato,* le *albé* de *sappalbé* sont les désinences singulier et pluriel du genre hominin ; le *andé*, le *aldé* de *tiapandé, tiapaldé* sont les désinences pluriel du genre brute. Il reste donc pour radical commun des deux mots : maure, dix ; *tiappo, sappal ; sapp, tiappal.*

C'est évidemment le même mot. Je crois donc que les

Pouls, ayant pris aux Maures le système décimal, ont appelé « dix », nombre base de ce système, le nombre *maure*.

Quant à l'origine de ce mot *tiappato* pour désigner les Maures, voici ce que nous en pensons : certaines tribus maures, des bords du Sénégal, celles qui ont renoncé au brigandage pour vivre conformément aux préceptes du Coran, prennent le nom de *Tiiab*, du verbe arabe *tab* « convertir ». Cette dénomination répond exactement à notre expression : les convertis. C'est, suivant nous, ce mot, prononcé par les noirs *Tiap*, que les Pouls ont pris en lui ajoutant la finale poul *ato* pour désigner les Maures en général.

A première vue, le poul semble être tout à fait différent du wolof et du sérère; ainsi, ces deux langues ont une lettre que n'a pas le poul, le *kh*. Elles ont un article; le poul n'en a pas. Les noms, souvent monosyllabiques en wolof et en sérère, sont polysyllabiques en poul. Il n'y a pas de désinence pour le pluriel en wolof ni en sérère; il y en a de très-caractéristiques en poul, etc. Cependant, on reconnaît, par une étude plus approfondie de ces langues, qu'il y a bien des analogies entre elles. Nous allons le faire voir.

Les racines verbales, comme nous l'avons déjà dit, sont de même forme, généralement un monosyllabe composé d'une voyelle entre deux consonnes : une syllabe close.

Poul.		Wolof.		Sérère.	
rem,	cultiver.	*def,*	faire.	*mof,*	abattre.
nel,	envoyer.	*tog,*	cuire.	*fekh,*	aimer.
dog,	courir.	*lek,*	manger.	*win,*	attacher.
hal,	dire.	*nar,*	mentir.	*sof,*	changer.
douk,	bavarder.	*fon,*	flairer.	*guen,*	demeurer.

Il y a dans les trois langues quelques racines verbales d'une composition plus simple encore, comme :

Poul.		Wolof.		Sérère.	
ia,	aller.	*wo,*	appeler.	*in,*	gémir.
ad,	habiter.	*am,*	avoir.	*ga,*	voir.
fi,	frapper.	*it,*	frapper.	*el,*	ajouter.

Non seulement la forme des racines est la même, ce qui ne prouverait qu'une même propension des organes de la voix, mais nous trouvons bon nombre de racines verbales communes entre le poul et le serère :

	Poul.	Sérère.	wolof.
accepter,	*diab.*	*diab.*	*diap.*
boire,	*iar.*	*ier.*	
compter,	*lim.*	*lim.*	
entendre,	*nan.*	*nan.*	
Etc., etc.			

En somme, sur deux cent quarante racines verbales que nous avons examinées, il y en a quarante, c'est-à-dire un sixième, communes aux deux langues poul et sérère, tandis qu'il n'y en a que trois ou quatre analogues entre le poul et le wolof. Mais pour les mots exprimant les parties du corps, les analogies entre le poul et le wolof sont plus nombreuses :

Exemple :

	Poul.	Wolof.	Sérère.
aisselle,	*nafké,*	»	*napan.*
oreille,	*nofourou,*	*nop,*	*nof.*
lèvre,	*tondou,*	*ntougn,*	»
yeux,	*guité,*	*beut,*	*nguid.*
dents,	*gniré,*	*bègne,*	*gnign.*

	Poul.	Wolof.	Sérère.
nez,	*hinéré, kiné,*	*bakan,*	*gnis.*
langue,	*demgal,*	*lamigne,*	*delem.*
fesses,	*gada,*	*gat,*	»
pénis,	*soldé,*	*soul,*	»
seins,	*endou,*	*ven,*	*den.*
dos,	*tiaggal,*	*guenao*	*tching.*
corps,	*bandou balli,*	»	*fobal.*
entrailles,	*tettokol,*	*boutit,*	»
une personne,	*neddo imbé,*	*nit,*	*uin.*

On reconnaît là des analogies évidentes, surtout si l'on a soin d'élaguer les syllabes parasites au commencement et à la fin des mots, comme, par exemple, *kol* et *bou*, dans *tettokol* et *boutit*, *fo* dans *fobal...*, etc.

Mais ce qu'il y a de plus remarquable, c'est la parenté évidente dans les trois langues des mots signifiant : « homme ou mâle, femme ou femelle ».

Nous avons dit qu'en poul « homme » *gorko,* pluriel *worbé*, voulait dire « le vivant » de la racine *hour* « vivre », et que « femme » *debbo*, pluriel *rewbé*, voulait dire « la suivante », de *rewdé* « suivre, obéir », pluriel *ndew.*

Plaçons les mots en présence dans les trois langues :

	Poul.	Wolof.	Sérère.
homme,	*gorko* (*worbé*),	*gour*,	*kor.*
femme,	*debbo*, *rewbé*, de *rew*, *ndew*, suivre, obéir.	*diguen*, *top*, suivre, obéir.	*tew*, *rew*, de *ref* *rew*, suivre, obéir.

Si l'on observe que dans *diguen, guen* est une désinence, ainsi que *bo* et *bé* dans *debbo* et *rewbé,* il est impossible de ne pas voir l'identité de tous ces mots réduits à leur radical, *deb, ndew, di, ref, rew, tew, top.* Le changement de *d* en *r* est, comme on le sait, de règle en poul, et le changement de *r* en *l* est également de règle en sérère.

Ainsi, les mots « homme » et « femme », dans les trois langues, viennent des deux racines, « vivre » en poul et « suivre » dans les trois langues.

Non moins évidente est la parenté des premiers nombres dans ces mêmes langues : « un » se dit *go* en poul, *ben* (qui devient *guen*) en wolof, *leng* en sérère. Ce ne sont là, du reste, que des pronoms ou articles indéfinis. Mais passons aux quatre nombres suivants, et mettons-les en regard :

Poul.	Wolof.	Sérère.
didi,	*niar,*	*dak.*
tati,	*niat,*	*tadak.*
nahi,	*niénent,*	*nahak.*
dioi,	*dirom,*	*bétak.*

Otons la finale commune *i* en poul, l'initiale commune *ni* en wolof, et la finale commune *ak* en sérère, il restera :

Poul.	Wolof.	Sérère.
did,	*ar,*	*d.*
tat,	*at,*	*tad.*
na,	*enent,*	*nah.*
dio,	*dirom,*	(*bé*).

Le « cinq » du sérère (*bé*) est certainement hors de cause, et nous verrons tout à l'heure pourquoi. Mais pour tous les autres la ressemblance est palpable, *d*, *r*, lettres qui se changent l'une dans l'autre dans ces langues, caractérisent le nombre deux, *t* le nombre trois, *n* le nombre quatre. On doit encore admettre que le « cinq » wolof, *dirom*, dont le *rom* est une prolongation, vient du *dio* poul. Nous savons que le « cinq » poul, *dio*, vient de *dioungo*, qui veut dire « main » dans cette langue, tandis que, en wolof, « main » se dit *lokho*, qui n'a aucune analogie avec *dirom* ; c'est donc au poul que l'emprunt a été fait.

En sérère, au contraire, « main » se dit *bè*, et *bètak* « cinq », en provient évidemment.

Les Wolofs et les Sérères comptent ensuite comme les Pouls : « Cinq un, cinq deux, cinq trois, cinq quatre ». Les noms du nombre « dix » n'ont aucun rapport dans les trois langues :

Poul.	Wolof.	Sérère.
sappo,	*fouk*,	*kharbakhai*.

Nous avons dit plus haut ce que nous pensions de *sappo*. Quant à *fouk*, nous croyons qu'il vient du mot berbère qui veut dire mains (*fous*). *Khar-ba-khai* est le pluriel de *ba*, *bé*, et veut, par conséquent, dire : les mains.

Le nombre « cent » vient dans les trois langues du berbère-zénaga : *tomodh*.

Poul.	Wolof.	Sérère.
témédéré,	*témer*,	*temed*.

Disons, en remarquant qu'ici encore *témed* devient *témer*, que ce changement si facile du *d* en *r* et réciproquement nous étonne ; ces deux consonnances ne paraissent avoir nulle ressemblance ni dans les sons produits, ni dans la manière dont les organes de la voix les produisent ; et pourtant ce changement a aussi lieu dans la langue de la Nouvelle-Zélande.

Si nous comparons les noms de nombre poul à ceux des

autres langues du Soudan occidental, nous reconnaîtrons que le nombre « quatre » a aussi l'*n* pour caractéristique en malinké où il se dit *nani,* en soninké où il se dit *nakhato,* en achanti où il se dit *ennung,* et en mpongué du Gabon où « quatre » se dit *naï* et « huit » *nanaï* par redoublement.

Nous ne pouvons énumérer tous les mots, en grand nombre, identiques ou analogues dans les trois langues; nous en passerons seulement quelques-uns en revue :

« Prêtre musulman » se dit en wolof *sérign.* Ce mot vient évidemment du poul *sern-bé,* pluriel régulier de *tier-no,* même signification, d'où il semblerait résulter que l'idée musulmane est venue aux Wolofs par l'intermédiaire des Pouls.

« Fusil » se dit en wolof *fétal,* et en poul *fétel;* mais c'est en poul qu'est la racine de ce mot : c'est *fiddé, fitadé* « frapper », d'où *fétel* « chose qui frappe, fusil ». On se sert, en effet, du verbe *fid-dé* pour dire « tirer un coup de fusil ». En wolof « frapper », et par suite « tirer un coup de fusil » se dit *it;* ce mot, du reste, n'est pas sans analogie avec *fid;* il ne s'en faut que d'un *f* initial.

En poul, *lamdé* veut dire « régner »; *lamdo,* pluriel *lambé,* veut dire « roi ». *Lam-Toro* est le titre du chef du Toro à Guédé. En sérère, *lam* veut dire « hériter », et *laman* est le titre des gouverneurs de cantons. Laquelle des deux langues a emprunté ce radical à l'autre? Nous ne saurions le dire; mais nous pencherions à croire que le mot est sérère; les chefs des tribus poul pures portent le titre de *ardo;* le chef de l'invasion dénianké, qui a conquis le Fouta sénégalais, avait le titre de *saltigué.* Du reste, l'idée même de roi ne nous semble pas une idée poul; ce peuple, pasteur, errant et très-porté à l'indépendance, a dû la prendre chez les noirs cultivateurs et portés à l'obéissance passive.

Dans la comparaison de deux langues, il faut apprécier non seulement leurs ressemblances, mais aussi leurs dissemblances. Nous avons dit que beaucoup de noms substantifs ou adjectifs, wolofs et sérères, sont monosyllabiques, tandis que les noms et adjectifs poul sont polysyllabiques; c'est que dans cette dernière langue, plus avancée, les pronoms ont été agglutinés aux racines verbales.

En wolof et en sérère, il y a des articles déterminatifs qui se mettent après le nom racine, mais en restent distincts. Ainsi, en wolof, pour dire « le lièvre », on dira, suivant la position de l'objet par rapport à celui qui parle, *leng ba, leng bi, leng bou.* Cette particule déterminative change sa consonne suivant celle du nom : ainsi, avec *ndokh* « eau », on dira : *ndokh ma, ndokh mi, ndokh mou;* avec *gour* « homme » : *gour ga, gour gui, gour gou*, etc. Il y a des règles analogues en sérère.

On voit combien dans ces langues le nom est près de devenir polysyllabique, comme en poul, par l'agglutination de ces déterminatifs.

Nous y trouvons en même temps des règles euphoniques de changements de consonnes comme en poul, quoique beaucoup plus restreintes. Mais nous n'y trouvons pas trace de la règle si remarquable des rimes entre les noms et les adjectifs, participes, etc.

Nous allons maintenant comparer les conjugaisons :

En poul, le verbe est distinct du nom et de l'adjectif. En wolof et en sérère, la distinction est moins complètement faite. Ainsi « fou » se dit en poul : *kan-*

gado; la terminaison *ado* en a fait un nom ou adjectif verbal qui ne peut plus se conjuguer; en wolof et en sérère, adjectif, substantif et verbe sont encore souvent confondus; ainsi, *dof* veut dire « fou » et se conjugue. Seulement il y a déjà une nuance de distinction entre le verbe et l'adjectif, quoiqu'ils soient représentés par le même mot; ils se conjuguent différemment; pour le verbe « faire une folie » on dit, par exemple: *dof na* « il fait une folie », tandis que, avec l'adjectif, on dira : *dof la* « il est fou », manière d'être habituelle dans le dernier cas, acte dans le premier.

La conjugaison se réduisant presque aux pronoms personnels dans ces sortes de langues, c'est surtout ces pronoms qu'il faut comparer. En voici le tableau :

Je, moi, me,	Poul :	*min, mi, am.*
	Wolof :	*man, na, la, ma.*
	Sérère :	*mé, m, okham.*
Tu, te, toi,	Poul :	*an, a, ma.*
	Wolof :	*io, nga, la.*
	Sérère :	*ang, o, onkhé.*
Lui, il, le,	Poul :	*o, kanko, mo, on, ngou,* etc.
	Wolof :	*mom, na, la, ko.*
	Sérère :	*ten, khé, an.*
Nous,	Poul : Exclusif :	*min, ennin.*
	Poul : Inclusif :	*en, enén.*
	Wolof :	*noun, nou, nanou, lanou.*
	Sérère :	*in, ain.*
Vous,	Poul :	*nin, nen, on.*
	Wolof :	*ien, len, nguen.*
	Sérère :	*noun, anoun.*
Eux, ils, les,	Poul :	*bé, kambé, dé, di.*
	Wolof :	*niom, niou, naniou, laniou.*
	Sérère :	*oua, diden, den, an, ouan.*

Si l'on examine ce tableau, il semble que dans les trois langues *m* soit volontiers affectée à la première personne du singulier et *n* à la deuxième personne du pluriel; on dirait encore que *d* est affecté à la troisième personne du pluriel en poul et en sérère : *dé, di, den, diden ; ko* veut dire « ce » en poul et en wolof. Mais pour tout le reste, il y a confusion complète : *ma* qui veut dire « me » en wolof veut dire « te » en poul*;* *o* qui veut dire « il » en poul veut dire « tu » en sérère. Il y a donc peu de conséquences à tirer de tout cela. Les conjugaisons ont bien une analogie générale, parce qu'il s'agit de trois langues sans flexions ; mais il n'y a pas identité dans les détails. Le pronom se met avant le verbe en poul ; quelquefois avant, quelquefois après en wolof et en sérère.

Entre le poul et le sérère, nous avons de commun le renforcement de la consonne initiale au pluriel du verbe.

Entre le poul et le wolof, nous avons de commun le conditionnel en *é* et le plus-que-parfait en *on*.

Cette terminaison en *on* est de mauvaise part dans les noms en wolof et en poul ; « ennemi » se dit *non* en wolof et *ganion* en poul. Dans cette dernière langue, où « père » se dit *baba*, « oncle » (frère de père) se dit *bapanion,* et ce mot est, par rapport à *baba*, l'analogue de notre mot « marâtre », par rapport à « mère ». Pourquoi l'oncle (frère de père et non pas frère de mère, qui se dit : *kahurado*) est-il vu en mauvaise part par son neveu? Parce que, chez les Soudaniens, les frères héritent du pouvoir et non les fils ; de là résulte qu'il y a souvent rivalité, hostilité, allant jusqu'au crime, entre l'oncle et le neveu.

Il y a, en wolof et en sérère, des verbes dérivés, comme en poul ; mais cela a lieu dans la plupart des langues; d'ailleurs les règles de dérivation et les conjugaisons des verbes négatifs ne sont pas les mêmes.

Les animaux domestiques et quelques animaux sauvages ont des noms analogues en poul, en wolof et en sérère: « Bœuf » se dit en poul *naggué*, en wolof *nag*, en sérère *nak*. Nous retrouvons, du reste, le même nom en malinké *nguicy* et en soninké *na*, c'est-à-dire dans les principales langues du Soudan occidental. Ce n'est pas par les Maures du Sahara que ces Soudaniens acquirent le bœuf. D'abord l'espèce n'est pas la même, pas plus que le nom. Le bœuf des Pouls est un zébu à bosse, de grande taille, avec des cornes énormes et un fanon qui pend très-bas.

Nous avons vu plus haut que le nom du cheval en poul, en wolof et en sérère venait du berbère ; il en est de même en malinké, où il s'appelle *sou-koundou*, et en soninké, où il s'appelle *si*.

« Brebis » se dit en poul *mbalou*, en sérère *bal* et en wolof *(nkhar)*; « agneau » se dit en poul *bortou*, en wolof *mbeurtou* et en sérère *barmol*. Ces mots sont fort semblables; ce sont des onomatopées, sauf le mot wolof *nkhar* qui vient sans doute du berbère-zénaga *guérer* « mouton ». Ce n'est pas non plus par les Maures que ces peuples connurent le mouton; comme pour les bœufs, l'espèce n'est pas la même : leur mouton est un grand mouton à poil lisse, à longues jambes et à nez très-busqué, ce qui le rend très-différend du mouton de la Berbérie.

« Chèvre » se dit en poul *mbéwa*, pluriel *bëï*; en wolof *bei*, et en sérère *fa-mbé*. Ce sont encore des onomatopées. Nous retrouvons dans le mot sérère notre initiale « fa ». *Fa-mbé* répond à l'expression « le père bêlant ».

« Sanglier » se dit en poul *mbaba*, en wolof *mbam*, en sérère *fam*.

« Éléphant » se dit en poul *niébi*, en wolof *niei*, en sérère *fa-gnik*. En berbère-zénaga « éléphant » se dit *igui ;* ce mot est peut-être le mot soudanien ; en touareg « éléphant » se dit *élou ;* en arabe c'est *fil*. *Élou* et *fil* ont peut-être une origine commune, le nom que les Libyens donnaient à l'éléphant de Libye, race éteinte depuis environ quinze cents ans.

« Chameau » se dit en poul *nguéloba*, en wolof *guélem*, en sérère *nguélemb ;* ces mots viennent des mots *djemel* en arabe, *euguim* en berbère-zénaga. C'est des Maures que les Soudaniens reçurent le chameau. On a dit que c'étaient les Arabes qui l'avaient introduit en Afrique ; cependant les Berbères ont dans leur langue des centaines de mots relatifs au chameau qui ne viennent pas de l'arabe.

Pourquoi le chameau à une bosse ne serait-il pas indigène en Afrique ?

Chose singulière, les Wolofs appellent la girafe « chameau sauvage » *guélem ou all* (chameau du désert) ; désert ne désignant pas ici le Sahara, mais toute forêt, tout lieu inhabité, l'expression répond exactement à la nôtre : « chameau sauvage ».

« Autruche » se dit en sérère *ba*, en poul *ndao*, en wolof *bandioli ;* on dirait presque que le mot wolof est la réunion des deux autres, à moins qu'il ne vienne du nom arabe du mâle de l'autruche, *délim*.

M. d'Eichthal voit dans le mot poul *ndao* « autruche » le *nandou* d'Amérique ? En wolof, *ndao* veut dire : « jeune homme, jeune fille, envoyé ».

« Chat » se dit en poul *oulloundou*, et en wolof *oundou*.

« Canard » se dit en poul *kani*, en wolof *khankhel*, et en sérère *kanara*. Ce sont là des onomatopées, et peut-être que le mot sérère n'est-il même que le mot français.

En voilà bien assez pour montrer les nombreux points de contact qui existent entre le poul, le wolof et le sérère. Quant aux langues malinké et soninké, en tant que nous les connaissons, elles diffèrent totalement du poul.

N'y a-t-il eu qu'emprunts du sérère et du wolof au poul, ou bien y a-t-il origine commune entre ces trois langues? Admettre cette dernière hypothèse, cela conduit à regarder la race poul comme une race africaine, voisine des ouolof-sérère, race intermédiaire entre ces noirs et les Berbères. Cela conduit à l'idée des leucœthiopes de Ptolémée au sud du Séguiet-el-Hamra. Et ce seraient eux qui auraient été les premiers refoulés vers le sud par les Berbères et les Arabes. Dans la première hypothèse, au contraire, on resterait libre de faire venir les Pouls d'aussi loin qu'on le voudrait. En l'état de la question, nous n'oserions décider entre ces deux hypothèses.

C'est une chose dont il faut continuer d'approfondir l'étude, et ce n'est que sur les lieux que cela peut se faire.

La langue poul n'a, comme on a pu le voir, aucun rapport avec les langues sémitiques; mais les Pouls, en devenant musulmans, ont emprunté à l'arabe une foule de termes concernant la religion :

Allah « Dieu » (*Allah*), *guinné* « diable » (*djin*), *alqouran* « le Coran » (*alqoran*), *tafsirou* « prêtre qui explique le Coran » (*tafsir*), *açaman* « le ciel » (*el sma*), *micida* « mosquée, école » (*msid*), *aldianna* « le paradis » (*el djenna*), *adouna* « le monde » (*el denia*), *kéféro* « infidèle » (*kafir*), *annaçara* « chrétiens » (*el naçara*), *sal-*

mindé « saluer » (*salem*), *diamano* « temps » (*zman*), *alfadjiri* « point du jour, une des heures de la prière » (*el fedjer*), *soubaka* « matin » (*sebahh*), *sadak* « aumône » (*sdaqa*), *kalfoudou* « chef » (*khalifa*), etc., etc.

L'écriture ayant été apportée aux Pouls avec l'islam, ils ont emprunté les mots : *kaït* « papier » (*karéth*), *daa* « encrier » (*douaia*), *kabarou* « nouvelles, histoire » (*khebar*), *diabadé* « répondre » (*djouab*), etc.

La justice et la religion se confondant chez les musulmans, les Pouls ont adopté quelques termes de droit arabe : *wakilo* « caution, administrateur » (*oukil*), etc., ainsi que des mots abstraits qui manquaient dans leur langue : *aqqilé* « intelligence » (*aâqel*), *ouciba* « malheur » (*ciba*), etc.

Ils ont conservé à peu près leurs noms arabes aux objets qu'ils ont reçus des Arabes : *tamaro* « dattes » (*temar*), *hariré* « soie » (*harir*), *simmé* « tabac à priser » (*chemma*), *saboundé* « savon » (*saboun*), *alkabéré* « étriers » (*el rekab*), *basallé* « oignons » (*beçal*), *lambéré* « ambre » (*el ambeur*), etc., etc.

Enfin, ils ont pris à l'arabe les noms des jours de la semaine : *alet* « dimanche » (*el ahad*), *altiné* « lundi » (*el tani*), *talata* « mardi » (*el tlata*), *alarba* « mercredi » (*el arba*), *alkamiça* « jeudi » (*el khamis*), *aldjiouma* « vendredi » (*el djemâa*), *acet* « samedi » (*el sebt*).

On pourrait croire que les Pouls ayant encore été plus en contact avec les Berbères qu'avec les Arabes, ont au moins autant emprunté à ceux-là qu'à ceux-ci, d'autant plus que c'est surtout par des marabouts berbères qu'ils ont été convertis. Mais les Berbères eux-mêmes, en devenant musulmans, avaient adopté tous les termes de religion arabes, et tout Berbère qui se fait missionnaire n'est plus qu'un Arabe. Nous avons vu que les Pouls ont pris aux Berbères le mot « cent » *témédéré*, et le nom du cheval; nous pourrions trouver d'autres mots encore; mais, en somme, la langue berbère n'a exercé aucune influence sur la langue poul.

Les Pouls de la Sénégambie ont pris du français les noms plus ou moins altérés de quelques objets que nous leur avons fait connaître : *bigne* « vin », *morço* « amorce », *biskit* « biscuit », *miçor* « mouchoir », *diluir* « de l'huile », *boïet* « boîte », *kanar* « cadenas », etc., etc.

Nous donnons ci-après un recueil de cent phrases en poul du fouta sénégalais. Cela permettra d'apprécier la physionomie de la langue et de constater l'application des règles que nous avons données et qui, du reste, ont été déduites par nous de l'examen de ces phrases et d'une centaine d'autres encore que nous ne croyons pas utile de publier. Après les phrases, nous donnons un vocabulaire d'environ quinze cents mots; c'est le vocabulaire que nous avons publié, en 1860, dans l'*Annuaire du Sénégal et dépendances*, mais nous y avons fait beaucoup de corrections.

Ces documents permettront certainement à toute personne voulant voyager dans le Soudan d'acquérir une connaissance pratique suffisante de la langue des conquérants de cette vaste, riche et intéressante contrée.

PHRASES.

Les Maures sont entrés dans le Gadiaga; ils ont démoli le tata (mur d'enceinte) de Makhana et tué tous les habitants.

Sapalbé nati é Gadiaga, bé kéli tata Makhana,
Maures entrèrent dans le Gadiaga; ils cassèrent tata Makhana

bé mbari imbé fop.
et tuèrent gens tous.

Nati, aoriste du verbe *nat-dé*, entrer; *kéli*, pluriel aoriste de *hel-dé*, casser; *mbari*, pluriel aoriste de *war-dé*, tuer.

Ta jument est belle; si tu veux me la vendre, je t'en donnerai cinquante pièces de guinée et un fusil à deux coups.

Ndiarlou ma modjiou; s'ada hidi iaé-dé, mi rokkou ma
Jument ta belle; si tu veux vendre, je donne toi

sollégui tiapandé dioï é fétel koundoudé didi.
pièces de guinée dizaines cinq et fusil bouches deux.

Hidi, aoriste du verbe *hid-dé*, vouloir; *rokkou*, futur du verbe *rokkou-dé*, donner.

La pirogue a chaviré; soutiens-moi sur l'eau.

Lotchol iwi; diag-am é doou ndiiam.
Pirogue chavira; soutiens-moi sur haut eau.

Iwi, aoriste du verbe *iou-dé*, chavirer; *diag*, impératif de *diag-dé*, soutenir.

L'eau est chaude, ne crains rien; ne viens pas par ici, il y a beaucoup de vase.

Ndiiam ouli, wa-ta houl; wa-ta har do, lopal in
Eau chaude, ne crains; ne viens ici, vase voilà
hévi.
beaucoup.

Wa-ta, impératif négatif de *waou-dé,* pouvoir; *houl,* impératif de *houl-dé,* avoir peur; *har,* impératif de *har-dé,* venir.

Ne me trompe pas; nous ferons ce que tu voudras.

Wa-ta fount am; mamin wad kou a nguidda.
Ne trompe moi; nous ferons ce que tu voudras.

Wa-ta, impératif négatif de *waou-dé,* pouvoir; *fount,* futur du verbe *fountou-dé,* tromper; *wad,* futur du verbe *wad-dé,* faire; *nguidda,* pluriel futur de *hid-dé,* vouloir.

Le soleil brûle; je sue; je meurs de soif.

Nagué ouli; mi wargni; domka, wari koam.
Soleil chaud; je sue; soif tue ce moi.

Wargni, aoriste de *wargnou-dé,* suer; *wari,* aoriste de *war-dé,* tuer.

Les gens de Médine ont battu la cavalerie de Sambala.

Imbé Madina bé kavi poutchi Sambala.
Les gens Médine ils ont été plus forts que chevaux Sambala.

Kawi, pluriel aoriste de *waou-dé,* pouvoir.

Comment vont votre femme et vos enfants?

No debbo ma wadi é bicogne ma?
Comment femme ta fait et petits enfants tes?

Wadi, aoriste de *wad-dé,* faire.

Veux-tu rester jusqu'à demain matin? — Non.

Ada hidi dioda-dé aï soubaka (de l'arabe *sebah*) diango?
Tu veux rester ici matin demain?

— Ala.
— Non.

Hidi, aoriste du verbe *hid-dé,* vouloir.

Vas en paix!

Ia é diam!
Vas avec paix!

Ia, impératif du verbe *ia-dé,* aller.

Venez; ne craignez rien; nous ne vous ferons pas de mal.

On, gari; wa-ta koulé houndé; min ngagna-ta on.
Vous, venez; ne craignez pas chose; nous ferons mal pas vous.

Wa-ta, impératif négatif du verbe *waou-dé,* pouvoir; *koulé,* impératif pluriel du verbe *houl-dé,* avoir peur; *ngagna-ta,* forme négative du futur du verbe *gagn-dé,* faire mal (*gn* mouillé).

Appelle le maître de cette case; appelle fort.

Notdou diom soundou ndou; notdou noſévi.
Appelle maître case cette; appelle fort.

Notdou, impératif de *notdou-dé,* appeler.

Cheikh Ahmadou a dit au chef de Dagana: Donne-moi du lait et du mil, ou je brûle ton village.

Ahmadou sékou wi kalifa Dagana: Tott-am koçam é
Ahmadou cheikh a dit chef Dagana: Donne-moi lait et
gaouri, oualla mi souma ouro-ma.
mil, ou je brûlerai village ton.

Wi, aoriste du verbe *wi-dé,* dire; *tott* pour *tottou,* impératif de *tottou-dé,* donner; *mi souma,* futur de *soum-dé,* brûler.

S'ils ne nous reçoivent pas dans leur village, le roi du Kaarta les punira.

So bé teddin-ali amen é saré, lamdo Kaarta fi
Si ils accueillent pas nous dans village, le roi Kaarta punira
bé.
eux.

Teddin-ali, aoriste négatif de *teddin-dé*, accueillir; *fi*, futur du verbe *fi-dé*, frapper, punir.

Cette année, la terre est très-sèche; il n'y a pas d'arachides ni de mil.

Ikka, léïdi iori nofévì; guerté é gaouri ala.
Cette année, terre est sèche beaucoup; arachides et mil pas.

Iori, aoriste du verbe *ior-dé*, être sec.

Cette jeune personne est-elle ta fille?

Souka debbo o ko bi-a?
Jeune femme cette elle enfant ton?

Bi-a, abréviation pour *biddo ma*.

Oui; elle va se marier dans un mois.

Éio; doé léourou mo récé.
Oui; (?) lune elle se mariera.

Récé, conditionnel futur de *res-dé*, se marier.

Ma fille aînée est mariée depuis trois ans; elle a deux enfants.

Af am debbo réçama doubi tati; o dagni bibbé
Aîné mon femelle étant mariée ans trois; elle a enfants
dido.
deux.

Réçama, participe présent de *res-dé*, se marier; *dagni*, aoriste du verbe *dagne-dé*, avoir.

Entre; tu boiras du lait. Veux-tu dîner avec nous?

Nat; har iar koçam. A hida hirtida-dé amen?
Entre; viens bois lait. Tu veux dîner avec nous?

Nat, impératif de *nat-dé*, entrer; *har*, impératif de *har-dé*, venir; *iar*, impératif de *iar-dé*, boire; *hida*, futur de *hid-dé*, vouloir; *hirtida-dé*, dîner avec, forme dérivée de *hirta-dé*, dîner.

Je suis blessé d'une balle dans le ventre et d'un coup de lance dans l'œil.

Bé pidi k-am é rédou é mbangou é
Ils frappèrent d'une balle ce moi dans ventre et lance dans
itéré.
œil.

Pidi, pluriel aoriste de *fi-dé*, frapper, et spécialement blesser avec une arme à feu.

Portez-moi là. Merci. Maintenant, allez vous battre.

Navé k-am da. Adiara mon. Dioni ndiéé kabé.
Portez ce moi là. Merci à vous. Maintenant allez combattez.

Navé, 2e pers. plur. impératif de *naou-dé*, porter; *ndiéé*, 2e pers. plur. impératif de *ia-dé*, aller; *kabé*, 2e pers. plur. impératif de *hab-dé*, combattre.

Qui t'a dit que les Bambara ont attaqué le Kaméra?

Bo wi ma Bambarakobé djiani e Kaméra?
Qui dit toi les Bambara sont tombés sur le Kaméra?

Wi, aoriste du verbe *wi-dé*, dire; *djiani*, pluriel aoriste du verbe *ian-dé*, tomber, tomber sur.

C'est un Sarrakholé qui vient de Podor; il a rencontré à Oréfondé des Maures qui le lui ont dit.

Sarrakoullé ina ivi Poddor; ébé
Sarrakholé voilà que il vient de Poddor; ils
kaouri é Sapalbé to Oréfondé; kambé kali mo.
se sont rencontrés et Maures à Oréfondé; eux dirent lui.

Ivi, aoriste du verbe *iou-dé,* venir de; *kaouri,* pluriel aoriste du verbe *haourou-dé,* se rencontrer; *kali,* pluriel aoriste du verbe *hal-dé,* dire.

Malik fait la guerre à tout le Fouta; il le ruine.

Maliki inani haba é Fouta fop; ombo toskina
Malik voilà que il guerroie avec Fouta tout; il ruine
bé.
eux.

Haba, futur de *hab-dé,* faire la guerre; *toskina,* futur de *toskin-dé,* rendre pauvre.

Les Toucouleurs sont réunis à Saldé; l'almamy les commande; ils sont tous armés de fusils.

Al Poular denti to Saldé: almamy ardi;
Les Toucouleurs se sont réunis à Saldé; l'almamy commande;
kambé fop ébé ndiogui pétaladji.
eux tous ils possèdent fusils.

Denti, pluriel aoriste du verbe *rendin-dé,* se réunir; *ardi,* aoriste du verbe *ardin-dé,* commander; *ndiogui,* aoriste pluriel du verbe *diog-dé,* posséder.

Ils ont pris douze captifs et trois cents bœufs.

Bé ngaddi diabé sappo é dido kagne témédé tati
Ils ont pris esclaves dix et deux et de plus centaines trois
nahi.
bœufs.

Ngaddi, pluriel aoriste du verbe *wad-dé,* faire.

Dis-lui qu'il vienne me voir demain.

Wi bo o har o diéo mi diango.
Dis lui il viendra il visitera moi demain.

Wi, impératif du verbe *wi-dé,* parler; *har,* futur de *har-dé,* venir; *diéo,* futur de *diéo-dé,* visiter.

Sa fille sait le wolof comme une personne de Saint-Louis.

Bii-ko debbo nani tiéar ono Ndaranké.
Enfant son femelle parle langue wolof comme habitant de Ndar.

Bii-ko, pour *biddo-ko,* enfant son; *nani,* aoriste de *nan-dé,* parler une langue.

Vous autres blancs, vous avez votre paradis sur terre.

Onon toubak, on dagni aldianna mon é adouna.
Vous blancs, vous avez paradis votre sur terre.

Dagni, aoriste du verbe *dagn-dé,* avoir; *aldianna,* de l'arabe *el djenna; adouna,* de l'arabe *dénia.*

Eh! l'homme, viens ici; ouvre la porte; entre.

Éi! gorko, har gaï; ouddid dambougal.
Eh! homme, viens ici; ouvre porte.

Har, impératif du verbe *har-dé,* venir; *ouddid,* impératif de *ouddid-dé,* ouvrir.

Ce n'est pas le moment; vous parlerez de cela une autre fois.

Won-a dioni; saa goddo kala.
Est pas maintenant; moment autre vous parlerez.

Won-a, verbe *won-dé,* être, pris négativement; *saa,* mot arabe; *kala,* pluriel futur du verbe *hal-dé,* parler.

Dans combien de jours les navires de Galam reviendront-ils à Saint-Louis?

Ladé Ngalam ol baldé ndietto Ndar?
Navires Galam quoi jours ils reviendront Saint-Louis?

Ladé, pluriel de *lana*, navire; *ndietto*, pluriel futur de *dietta-dé*, arriver.

Tu refuses de nous laisser prendre de l'eau à ton puits; que Dieu te punisse.

A adi min diog-dé ndiiam é bondou ma; Ialla
Tu refuses nous prendre eau à puits ton; Dieu
fié.
qu'il punisse.

Adi, aoriste du verbe *ad-dé*, refuser; *fié*, subjonctif de *fi-dé*, frapper, punir.

Donne-nous vingt hommes pour nous conduire à la Falémé.

Tottou amen imbé nogas bé nawa min Falemmé.
Donne nous gens vingt ils conduiront nous Falémé.

Tottou, impératif de *tottou-dé*, procurer; *nawa*, futur de *naou-dé*, conduire.

Tu sais qu'ayant une longue route à faire, je ne puis pas emporter beaucoup de marchandises, parce qu'il faut porter des vivres.

Ada andi sou mbédé iaa lawol woddi, mi waou-a
Tu sais si je vais route longue, je peux pas
naou-dé diaoudi évi, sabou mbédémen nawa
emporter marchandises beaucoup, parce que nous portons
diobari.
vivres.

Andi, aoriste du verbe *andou-dé*, savoir; *iaa*, futur du verbe *ia-dé*, aller; *nawa*, futur du verbe *naou-dé*, porter.

Reposons-nous à l'ombre de ce gonatier.

Poftoden é broubri gaoudi ki.
Reposons-nous à ombre gonatier ce.

Poftoden, pluriel impératif de *foftou-dé*, se reposer.

On compte dix journées de Bakel au Tagant. La route est sûre; mais il y a beaucoup de marigots à passer.

Baldé sappo akkoundé Bakel é Tagant. Lawol ko diam,
Jours dix entre Bakel et Tagant. Route cela paix,
éci tialli nékévi.
mais marigots nombreux.

Dis à ces gens que s'ils nous suivent, nous tirerons sur eux.

Wi imbé bé : so bé ndévé amen, min pella bé.
Dis gens ces si ils suivent nous, nous tirerons eux.

Wi, impératif de *wi-dé*, dire; *ndévé*, conditionnel de *réou-dé*, suivre; *pella*, pluriel futur de *fella-dé*, abréviation pour *fetella-dé*, tirer un coup de fusil, de *fétel*, fusil, qui vient lui-même de *fid-dé*, frapper.

Je n'ai pas fermé l'œil de la nuit; les moustiques ne m'ont pas laissé un instant tranquille.

Mi moub-ali itéré hanki; booudi gatchi-ali
Je fermai pas œil hier (cette nuit); moustiques laissèrent pas
k-am saa goto.
ce moi moment un seul.

Moub-ali, aoriste négatif de *moub-dé*, fermer; *gatchi-ali*, aoriste pluriel négatif de *hatchiou-dé*, laisser.

Levez-vous; il ne pleuvra plus; nous pouvons partir.

Oummé; toba-ta; mbédémin bavi iadé.
Levez-vous; pleuvra pas; nous pouvons partir.

Oummé, pluriel impératif de *oum-dé*, se lever; *toba-ta*, futur négatif de *tob-dé,* pleuvoir; *bavi,* pluriel aoriste de *waou-dé,* pouvoir.

Vous ne pourrez pas arriver à Ségou avant la saison des pluies.

On baou-a iotta-dé Ségou hadé tobdé.
Vous pourrez pas arriver Ségou avant pleuvoir.

Baou-a, futur négatif de *waou-dé,* pouvoir.

Tiens, voilà du tabac.

Nda, simmé inani.
Tiens, tabac voilà.

Fais-moi traverser ce marigot dans ta pirogue; je te donnerai une charge de poudre.

Loumbin-am tiangoul ngoul é lotchiol ma; mami
Fais passer moi marigot ce dans pirogue ta; je
rokké fiandé tiondi.
donnerai coup poudre.

Loumbin, impératif du verbe dérivé *loumbin-dé,* faire traverser; *rokké,* futur conditionnel de *rokkou-dé,* donner; *fiandé,* substantif dérivé de *fi-dé,* frapper, tirer un coup de fusil.

J'ai très-faim; je n'ai pas dîné hier au soir.

Mi odjiama nofévi; mi hirtaki hanki.
Moi ayant faim beaucoup; je ai dîné pas encore hier.

Odjiama, participe présent de *odjié-dé,* avoir faim; *hirtaki,* composé de *aki,* pas encore, et de *hirti-dé,* dîner. De là aussi *hirtida-dé,* dîner avec, et *hirandé,* le dîner.

Asseyez-vous; j'ai tué pour vous un mouton.

Diodio; mi war ani ma ndiaoudi.
Assieds-toi; je tuai pour toi mouton.

Diodio, impératif de *dioda-dé,* s'asseoir; *war,* aoriste du verbe *war-dé,* tuer.

Nous sommes trop nombreux dans cette pirogue; l'eau y entre; pagaie fort.

Men kévi noféviélotchiol ngol; ndiiam ina
Nous nombreux trop dans pirogue cette; eau voilà que
nat tonder; aouiou nofévi.
elle entre dedans; rame fort.

Nat, aoriste du verbe *nat-dé,* entrer; *aouiou,* impératif de *aouiou-dé,* ramer.

Ces Malinké, que viennent-ils faire? Ils viennent vendre de l'or.

Malinko bé, ko bé ngari wad-dé? — Bé ngari iaé-dé
Malinké ces, quoi ils viennent faire? — Ils viennent vendre
kangué.
or.

Ngari, pluriel aoriste de *har-dé,* venir.

Ne vois-tu pas cette perdrix? Tire! La perdrix est tombée; cours la chercher.

A i-ali guerlal ngal? Fi! Guerlal iani; dog;
Tu vois pas perdrix cette? Tire! Perdrix tomba; cours;
diabtou.
prends.

I-ali, aoriste négatif de *ii-dé,* voir; *fi,* impératif de *fi-dé,* frapper, tirer; *iani,* aoriste de *ian-dé,* tomber; *dog,* impératif de *dog-dé,* courir; *diabtou,* impératif de *diabtou-dé,* prendre.

Les marabouts écrivent le zénaga en caractères arabes.

Sérenbé ino vinda bollé sounaguébé é
marabouts voilà que ils écrivent langage des Zénaga avec
bindou sapato.
écriture arabe.

Vinda, futur de *vindou-dé,* écrire.

Apprends-moi le poul; je t'apprendrai le français.

Ekkin-am bollé foulbé ; mami ekkiné
Apprends-moi langage des Pouls; je enseignerai
toubakoguié.
langage des blancs.

Ekkin, impératif de *ekkin-dé,* enseigner; *ekkiné,* futur conditionnel du même verbe.

Nous avons une forte fièvre; laissez-nous passer la nuit dans votre case.

Min paoni nofévi ; hatchiou amen min
Nous avons la fièvre fort; laisse nous nous
lélo é gallé ma.
passerons la nuit dans case ta.

Paoni, pluriel aoriste du verbe *faon-dé,* avoir la fièvre; *hatchiou,* pluriel impératif de *hatchiou-dé,* laisser; *lélo,* futur du verbe *léla-dé,* passer la nuit. Ce verbe vient sans doute de l'arabe *lil,* nuit.

Nous leur donnerons cinq pièces de guinée lorsque nous serons arrivés.

Mamin tottou bé sollégui dioï so min
Nous donnerons à eux pièces de guinée cinq si nous
ndiottima.
arrivant.

Tottou, futur du verbe *tottou-dé,* donner à; *ndiottima,* participe présent de *diotti-dé,* arriver.

Si l'on te demande de mes nouvelles, dis que je suis malade.

So bé lamdi ma k-am, bia mi sell-ali.
Si ils interrogent toi ce moi, tu diras je porte bien pas.

Lamdi, aoriste du verbe *lam-dé,* interroger; *bia,* futur du verbe *wi-dé,* dire; *sell-ali,* aoriste négatif de *sel-dé,* se bien porter.

Tu demandes trop; je te dis que je ne veux pas.

A niaguéma nofévi; mi wii ma mi hid-a.
Toi demandant trop; je dis toi je veux pas.

Niaguéma, participe présent de *niaga-dé,* demander; *wii,* aoriste du verbe *wi-dé,* dire; *hid-a,* forme négative du verbe *hid-dé,* vouloir.

Donne-moi deux chameaux et deux hommes; moi je monterai sur un bœuf porteur.

Tott-am guélodi didi é imbé dido; min mi waddo
Donne-moi chameaux deux et gens deux; moi je monterai
é tiori.
sur bœuf porteur.

Tott, impératif du verbe *tottou-dé,* procurer: *waddo,* futur du verbe *wadda-dé,* monter à cheval.

Si nous n'avons pas de pirogue, nous traverserons la rivière à la nage.

Sou min g-ala lotchol, min loumbo maio ngo.
Si nous pas pirogue, nous nagerons rivière cette.

Loumbo, futur du verbe *loumba-dé,* nager.

Nous avons froid; allumez-nous du feu, pour que nous nous chauffions.

Min ndiangama; oub ana min diahingol, min
Nous ayant froid; allume pour nous feu, nous
ito.
nous chaufferons.

Oub, impératif du verbe *oubou-dé,* allumer; *ito,* futur du verbe *ita-dé,* se chauffer.

Tu ne dois pas laisser voler le bien de tes hôtes.

A fot-ali hatchiou-dé bé ngouddia kodo ma.
Tu dois pas laisser ils voleront quelqu'un tien.

Fot-ali, aoriste négatif de *fot-dé,* devoir; *ngouddia,* pluriel futur de *houddiou-dé,* voler.

Je te récompenserai bien à Podor.

Mami iéné nofévi to Poddor.
Je récompenserai beaucoup à Podor.

Iéné, futur conditionnel de *ien-dé,* récompenser.

Tirons la pirogue à terre; nous nous promènerons.

Poden lotchiol to doou; ndjiéloden.
Tirons pirogue en haut; nous nous promènerons.

Poden, pluriel impératif de *fod-dé,* tirer à soi; *ndjiéloden,* pluriel impératif de *ila-dé,* se promener.

Tu as manqué cette gazelle. Ton fusil est bon; mais tu ne tires pas bien.

A fid-ali lella ba. Fétel ma ko modjio; éci a
Tu frappas pas biche cette. Fusil ton lui bon; mais tu
fia-ta.
frapperas pas (n'atteins pas).

Fid-ali, aoriste négatif de *fid-dé,* frapper, tirer; *fia-ta,* futur négatif du même verbe.

Ce cheval ne marche pas vite; il ne me plaît pas.

Poutiiou ngou waou-a ia-dé nofévi; vel-ali ko am.
Cheval ce peut pas marcher fort; il plaît pas ce moi.

Waou-a, forme négative de *waou-dé,* pouvoir; *vel-ali,* aoriste négatif de *vel-dé,* plaire.

Quel est ce Maure qui cause avec ton père?

Tiappato o mbo iéota bam-ma bo woni?
Maure ce qui cause avec père ton qui il est?

Iéota, aoriste de *iéota-dé*, causer avec; *woni,* aoriste de *won-dé,* être.

C'est un douaïch, un brave homme; il est mon ami.

Goto idoïs, ko gorko modjio; o woni séil am.
Quelqu'un douaïch, lui homme bon; il est ami mon.

Je n'ai plus ni poudre ni plomb.

Mi ala tiondi é polom.
Moi pas poudre et plomb.

Polom, mot français estropié.

Aujourd'hui tu as une forte fièvre; tiens, ce soir, tu prendras cela.

Handé a faoni nofévi; nda, sou hiri bama
Aujourd'hui tu as fièvre fort; tiens, si il fait soir tu prendras
doum.
cela.

Faoni, aoriste de *faon-dé,* avoir la fièvre; *hiri,* aoriste de *hir-dé,* faire soir; *bama,* futur de *bam-dé,* prendre.

De quel pays es-tu? Quel âge as-tu?

Holi léidi ndjiéda? Hol doubi ndagne da?
Quel pays tu viens? Quoi ans tu as?

Ndjié, du verbe *ia-dé,* aller, s'en aller; *ndagne,* du verbe *dagne-dé,* avoir; *da,* particule interrogative.

Comment vas-tu? Où vas-tu?

Honon badda? Hol ndjia ta?
Comment tu fais? Où tu vas?

Badda, présent de *ouad-dé,* faire; *ndjia,* présent de *ia-dé,* aller; *ta,* particule interrogative.

Comment cela se dit-il en toucouleur?

Honon doum viété é poular?
Comment cela serait dit en toucouleur?

Viété, conditionnel de *biéta-dé,* être dit.

Dis à ton domestique de porter cette lettre de suite.

Hal beukkenek ma nawo talkorou dioni.
Dis domestique ton il portera lettre de suite.

Hal, impératif de *hal-dé,* parler; *nawo,* futur de *naou-dé,* conduire, porter.

Dis ce que tu veux; je le ferai volontiers.

Hal kou a nguidda; mami wadéné doum berndé lamdé.
Dis ce que tu veux; je ferai cela cœur content.

Hal, impératif de *hal-dé,* parler; *nguidda,* présent de *hid-dé,* vouloir; *wadéné,* futur conditionnel de *wad-dé,* faire.

Ils ont envoyé dix cavaliers pour tomber sur nous.

Bé néli wadotobé sappo mbéla bé ndiana doou amin.
Ils envoyèrent cavaliers dix pour que ils tombent sur nous.

Néli, aoriste du verbe *nel-dé,* envoyer; *wadotobé,* pluriel de *wadotowo,* nom verbal de *wadda-dé,* monter à cheval.

Je vais me coucher un moment pour me reposer.

Mbédé lélo saa mbéla mi fofta.
Je me coucherai moment pour que je me repose.

Lélo, futur de *léla-dé,* se coucher; *fofta,* futur de *foftou-dé,* se reposer.

Tiens, prends; tu me feras plaisir.

Nda, diabtou; mbada ko véli mi.
Tiens, prends; tu feras ce que il plaît moi.

Diaptou, impératif de *diaptou-dé,* prendre; *mbada,* futur de *wad-dé,* faire; *véli,* aoriste de *vel-dé,* plaire.

Tout le monde le sait.

Imbé fop ngandi.
Gens tous savent.

Ngandi, pluriel aoriste de *han-dé,* savoir.

Ils ont payé la coutume (le droit).

Bé ndiobi kofoungal.
Ils payèrent coutume.

Ndiobi, pluriel aoriste de *iob-dé,* payer; *ko-foun-gal,* de *faoun-dé,* exiger (ce qu'on exige).

Comment t'appelles-tu? Comment s'appelle-t-il?

Mou mbiété? No viété?
Comment toi tu es dit? Comment lui il est dit?

Mbiété, viété, conditionnel de *biéta-dé,* être dit, forme dérivée de *bi-dé, wi-dé,* dire.

Je ne suis pas content de cette affaire.

Mi ala bélé é o sokla.
Moi pas content de cette affaire.

Bélé, de *vel-dé,* plaire.

Où est allé Bélal?

Hol Bélal iéi?
Où Bélal est allé?

Iéi, pour *iai,* aoriste de *ia-dé,* aller.

Va-t-il revenir?

Mo ia wartou-dé?
Il va revenir?

Ia, futur de *ia-dé,* aller.

Montre-moi la route de Sénou-Débou.

Hol am lawol Sénou-Débou.
Indique-moi route Sénou-Débou.

Hol, impératif de *hollou-dé,* indiquer. *Hol* est la particule interrogative.

J'ai faim. J'ai soif.

Mi eydi. Mi domdi.
Je ai faim. Je ai soif.

Eydi, pour *odjeydi,* de *odjey-dé,* avoir faim; *domdi,* aoriste de *domdou-dé,* avoir soif.

La foudre est tombée sur cette case; elle a tué un enfant.

Dirango iané gallé o; wari-don tioukalel.
Tonnerre tomba sur case cette; il tua enfant.

Iané, iani, aoriste de *ian-dé,* tomber; *wari,* aoriste de *war-dé,* tuer. La terminaison *on* exprime la réprobation.

L'almamy du Bondou m'empêchera de partir.

Almamy Bondou ina ada mi ia-dé.
Almamy Bondou voilà que il empêche moi partir.

Ada, présent de *ad-dé,* empêcher.

Le soir, il y a beaucoup d'étrangers dans le village.

Kikédo arbé ina kévé ouro é.
Le soir étrangers voilà beaucoup village dans.

Ki kédo, le soir; on dit aussi *sou hiri; kédo* et *hiri* ont la même racine, l'*r* et l'*h* se changeant, d'après les règles, en *d* et en *k: arbé,* les arrivants, de *ar-dé,* arriver.

Éveillez-vous; partez de suite.

Piné; iadé ioni.
Éveille-toi; partir de suite.

Piné, impératif de *fin-dé,* s'éveiller.

Que dit-il? — Il dit qu'il n'y a pas d'eau sur cette route.

Ko wi? — O wi ndiiam ala é lawol ngol.
Quoi il dit? — Il dit eau pas dans route cette.

Wi, aoriste de *wi-dé, bi-dé,* dire.

Ils demandent la paix.

Èbé lamdo diam.
Ils demandent paix.

Lamdo, de *lamda-dé,* demander.

Vous savez que nous avons une longue route aujourd'hui.

Odon ngandi min dagnié lawol diouttoungol handé.
Vous savez nous avons route longue aujourd'hui.

Ngandi, pluriel aoriste de *han-dé,* savoir; *dagnié,* futur conditionnel de *dagne-dé,* avoir.

Faut-il donner à ce chef ce qu'il me demande?

Mi totta kalifa o ko niagui mi ko?
Je donnerai à chef ce ce que il demande moi cela?

Totta, futur de *tottou-dé*, donner; *niagui*, aoriste de *niaga-dé*, demander un cadeau.

Cela me fait beaucoup de peine.

Doum metti k-am nofévi.
Cela fait peine à ce moi beaucoup.

Metti, aoriste de *mettin-dé*, chagriner, faire mal.

Il y a trois jours que je ne suis pas sorti de ma maison.

Baldé tati mi ialt-ani galla.
Jours trois je sortis pas de maison.

Ialt-ani, aoriste négatif de *iallou-dé*, sortir.

Je n'ai rien entendu dire.

Me an-ali houndé.
Je sais pas chose (rien).

An-ali, aoriste négatif de *an-dé*, savoir.

Guibi est-il marié?

Guibi réci debbo?
Guibi épousa femme?

Réci, aoriste de *res-dé*, épouser.

Sa fille n'a pas d'enfant.

Bii ko debbo guibin-ali.
Enfant son femelle enfanta pas.

Bii-ko, abréviation pour *biddo ko*; *guibin-ali*, aoriste négatif de *guibin-dé*, enfanter.

Qui es-tu? — Un douaïch arrivé hier.

Bo woni an? — Goto idoïs diettido hanki.
Qui tu es toi? — Quelqu'un douaïch arrivé hier.

Woni, aoriste de *won-dé,* être; *diettidô,* participe de *dietta-dé,* arriver.

Si je lui prête trois pièces de cinq francs, me les rendra-t-il?

So mi niamli mbo boudi tati, mo iob am?
Si je prête à lui gourdes trois, il rendra à moi?

Niamli, aoriste de *niamla-dé,* prêter; *iob,* futur de *iob-dé,* payer.

Qu'est-ce qu'il y a? Il faut que je parte de suite.

Oko woni? Médo foti ia-dé dioni.
Quoi est? Je dois partir de suite.

Woni, aoriste de *won-dé,* être; *foti,* aoriste de *fot-dé,* devoir.

Les gens de Saint-Louis ont cultivé l'île de Diombor tout entière.

Imbé Ndar démi Diombor fop.
Gens Saint-Louis cultivèrent île de Diombor toute.

Démi, pluriel aoriste de *rem-dé,* cultiver.

Voilà de l'eau; lave-toi les mains.

Ndiiam inani; sod dioungo ma.
Eau voilà; lave main ta.

Sod, impératif de *sod-dé,* laver.

Tous les gens du village sont pêcheurs.

Imbé sarebé fop ko soubalbé.
Gens village tous cela pêcheurs.

Qui t'a envoyé à moi?

Hol bo nel ma é man?
Quel lui envoya toi à moi?

Nel, aoriste de *nel-dé,* envoyer.

VOCABULAIRE FRANÇAIS-POUL.

Observation préliminaire. — On a cherché à représenter, autant que possible, les sons par les lettres et les syllabes françaises conservant leur valeur ordinaire.

Toutes les lettres doivent se prononcer : ainsi, prononcez l'*r* final dans *ber*, le *t* final dans *sont*, le *g* final dans *sang*.

L'*n* final n'est jamais nasal.

Le *dj* et le *tch* doivent se prononcer très-légèrement, comme en italien le *g* dans *giorno* et le *c* dans *civita*.

Gu devant *é* et *i* n'indique que le son du *g* dur du Γ grec.

Gn devant *e* et *i* est toujours notre *n* mouillé.

La diphtongue *ao* doit se prononcer en une seule émission de voix.

Ay, *ey*, *oy* se prononcent comme les diphthongues de *paille, abeille,* et du mot anglais *boy*.

On a partagé, pour plus de simplicité, les mots en trois divisions : 1° les substantifs et les adjectifs ; 2° les verbes ; 3° les particules invariables, les pronoms et les adjectifs déterminatifs.

N. B. Les mots suivis d'un A viennent de l'arabe ; les mots suivis d'un F viennent du français.

SUBSTANTIFS ET ADJECTIFS.

Abeille.	Niakou, niaki (1).	Ancien.	Boydo, boybé.
Achat.	Tioggou, tioggouli.	Ancre.	Moli, molidji.
Actif.	Kilnido (2), kilnibé	Ane.	Mbaba, bamdi.
Adroit.	Karalla, karallabé. A.	Animal.	Baroguel, barécogne.
Affaire.	Ammé, ammedji. A.	Anneau.	Holondé, kolloné.
		Année.	Hitandé, kitalé.
Affamé.	Kodiado, hodiabé.	Antilope.	Koba, kobi.
Affranchi.	Gatiado allah, hatiabé allah.	Apostat.	Mourtoudo, mourtoubé.
Agneau.	Mbortou, mborti.	Arabe.	Arabé, arabébé. A.
Aïeul.	Tanam, tanirabé.		
Aigle.	Liouré, liwé.	Arachide.	Hiertéré guerté.
Aiguille.	Mécélal, mécellé. A.	Araignée.	Ndiambal, ndiambalédjié.
Aile (d'oiseau).	Wibdio, bibdié.	Arbre.	Léki, lédé.
Air (fraîcheur).	Hendou boumdou, kelli boubdi.	Arc.	Lanial, lanié.
		Arc-en-ciel.	Timtimoul, timtimi.
Aisselle.	Nafké, nafdé.		
Ambitieux.	Maouni kinido, maouni kinibé.	Argent.	Khalis. A.
		Argile.	Bakkéré, bakké.
Ambre.	Lambéré, lambé. A.	Armée.	Konou, konoudji.
Ame.	Fittandou, pittali.	Assassin.	Barowo imbé, warobé imbé.
Amende.	Tiouâné.		
Amer.	Kohadi.	Association.	Dendinal.
Ami, e.	Diadidam, iadibam	Assurance (certitude).	Labingol.
Amorce (de fusil).	Morço, morçodji. F.	Attaque (de guerre).	Ndianou, ndianougouli.

(1) Le second mot est le pluriel.

(2) L'adjectif poul varie suivant le nom auquel il se rapporte. Les formes que nous donnons dans ce vocabulaire sont celles qui se rapportent à *neddo* « une personne, » au singulier, et à *imbé* « des personnes, » au pluriel.

Aumône.	Sadak, sadakedji. A.
Autruche.	Ndao, ndaoudji.
Avare.	Borodo, worodbé. A.
Avarie.	Kelgol keldi.
Aveugle.	Goumdo, woumbé.
Aviron.	Gaodjirgal, gaodjirdé.
Bagages.	Kaké.
Baisse (d'une marchandise)	Oustoudé tioggou.
Baleine.	Ngaga, ngaboudji.
Balle (de fusil).	Koural, kouré. A.
Banane.	Banana. F.
Baobab.	Boki, booudé.
Barbe.	Waré, baé.
Bât.	Hirké, hirkédji.
Bâtard.	Biharam, bibé haram. A.
Bateau à vapeur	Lanatiourki, ladétiourki.
Bâton.	Saourou tiabbi.
Bavard.	Doukowo, doukobé.
Beau.	Modjio *n*gari, modjioubé *n*gari (bon d'aspect).
Bêche (outil de labour).	Dialo, dialé.
Berger, ère.	Ganéako, hanéabé.
Bergeronnette.	Ngaéno, ngaénodji
Bête (sot).	Kangado, hangabé.
Beurre.	Nébam, nébedji.
Biche.	Lella, lelli. A.
Bijoux.	Tchinkal, tchinké.
Billet (à échéance).	Diokoundé, dioukoundédji.
Biscuit.	Biskit, biskitadji. F.
Blanc.	Danédjo, ranébé.
Blessé.	Pidado, fidabé.
Bleu.	Gobou, goboudgi.
Boa (serpent).	Ngadada, ngadadoudji.
Bœuf.	Naggué, nahi.
Bœuf porteur.	Daandi, dali.
Bois (à brûler).	Leggal, lédé.
Boîte.	Bakangueltokocel, bakankogne tocoçogne.
Boiteux.	Ladjiowo, ladjiobé.
Bon.	Modjio, modjoubé.
Bonne (d'enfant).	Bambowo, wambobé. A.
Bonnet.	Koufouné, koufounadji.
Borgne.	Dokko, dokkoubé.
Bossu.	Djouguéré, djouguédié.
Bottes.	Tiouroudjié.
Bouc.	Ndamdi, damdi.
Bouche.	Houndouko, koundoudé.
Bouchon.	Soukkodé, tioukodé.
Boucle d'oreille	Hotondé, kotoné.
Boulet.	Kouralcanou, kouré canou.
Bourse (en cuir)	Danga, dangadji.
Boutique.	Boutik, boutikadji. F.
Bracelet.	Diawo, diavé.
Brai.	Sandal. A.
Branche.	Tiatal, tiaté.
Bras.	Dioungo, dioudé.

Brave.	Tiousdo rédou, sousbé dédi.
Brebis.	Mbalou, bali.
Bride (avec mors).	Labangal, labalé.
Brouillard.	Iggou, iggoudji.
Broussailles.	Sobodiourou, tiobodji.
Bruit.	Douko, doukodji.
Cachet (marque).	Mandé, malé.
Cadeau.	Dokkal, dokké.
Cadenas.	Kanar, kanaroudji. F.
Caïlcédra (acajou du Sénégal).	Kahi, kahé.
Caïman, crocodile.	Norwa, nodi.
Calebasse (très-grande).	Hordémaoudé, korémaoudé.
Calebasse (moyenne).	Toumboudé, toumboulé.
Calebasse (petite).	Niédoudémaoudé.
Calebasse (très-petite).	Niédounguel, niédoukogne.
Calicot.	Bagui danédjio, baguidi danédji.
Camp (bivouac)	Djippondé, djippoulé.
Camp (de Maures).	Téédé, téélé.
Canard.	Khankhel, khankheloudji.
Canon.	Kanou, kanoudji. F.
Canot.	Kanot, kanotadji. F.
Captif (esclave).	Matioudo, matioubé.
Carquois.	Barou, bahi.
Cassonade.	Soukar bodédjo.
Caution.	Wakilo, wakiladé. A.
Cavalier.	Badido, wadotobé.
Ceinture.	Dadido, dadibé.
Cendre.	Ndondi.
Chacal.	Boy, boynadji.
Chaîne.	Tiallalal, tiallallé.
Chaise.	Diodorgal, diodordé.
Chaleur.	Ngouli.
Chameau.	Nguéloba, guélodi.
Chandelle.	Fitirlo, fitirlodji.
Chanson.	Djimol, djimdi.
Chanteur.	Djimowo, imobé.
Chapeau.	Magué. maguédji.
Chapelet.	Kourous, kouroučadji. A.
Charbon (de terre).	Djoulméré, djoulbé.
Charitable.	Tiakoutodo.
Chaudron.	Kaoudir, kaoudiradji. F.
Chaux.	Laço, laçodji. F.
Chasseur.	Daddowo, raddobé
Chat.	Ouldoundou, oulloudi.
Chef.	Maoudo, maoubé.
Chemin.	Lawol, labi.
Chemise (wolof).	Outté, outtédji.
Cher.	Tiattoudo, sattoubé.
Cheval.	Poutiou, poutchi.
Cheveu.	Soukoundou, tioukouli.
Chèvre.	Mbéwa, béhi.

Chien, nne.	Ravandou, dawadi.
Chose.	Houndé, koullé.
Chrétien, nne.	Annaçara, annaçaraen. A.
Christianisme.	Lawol toubak.
Ciel.	Açaman. A.
Cil.	Niémbémbo, niembémbodji.
Cimetière.	Tiè.
Ciseaux.	Métiéké, métiékédji.
Civière (pour porter un malade).	Goski, gosdé.
Clé.	Tioktirgal, tioktirdé.
Clochette.	Diololi, diololédji.
Cœur.	Berndé, berdé.
Coffre.	Wakandé, wakandodji.
Colère.	Tikkowo, tikkobé.
Collier.	Tiaka, tiakadji.
Colline.	Touldé, toulé.
Combat.	Haré, karéli.
Commerçant, te.	Diayowo, iayobé.
Commerce.	Iéyoré.
Commissionnaire (envoyé).	Noulado, noulabé.
Compagnie.	Feddé, pellé.
Compte (de commerce).	Limoré, limodjé.
Comptoir (centre de commerce).	Toufoundé, toufdé.
Content.	Beldioudo, veldioubé.
Contribution (impôt).	Bak, bakoudji.
Coq.	Ngori, ngoridji.
Corail.	Déguénéré, déguénedjié.
Coran.	Alkouran. A.
Corbeille.	Digué, diguédji.
Corde.	Boggoul, boggui.
Cornaline.	Pémé, pémédjié.
Corne à poudre.	Alladou fétel, galladi fétel.
Corne.	Alladou, galladi.
Corps.	Bandou, balli.
Cosses de gonatier.	Gaoudi, gaoudé.
Côté.	Ba*ngué*, banguedji
Coton.	Bouki, boukedji.
Cotonnier.	Leggalligué, leddeliédji.
Cou.	Dandé, dadé.
Coucher du soleil.	Foutoro, foutourodji.
Coudée.	Sogoné, sogonedji.
Cour (de maison).	Dergallé, dergalledji.
Courage.	Tiouçal.
Court.	Dabbo, rabidbé.
Couscous.	Latchiri, latiédjié.
Couteau.	Paka, pakadji.
Coutume (tribut).	Kofngal, koflé.
Couvée.	Totchindé.
Couverture.	Souddaré, tiouddadjé.
Crapaud.	Fabrou, pabi.
Crinière.	Safé, safédji.
Cruel.	Bondo, bonbé.
Cuir.	Ngourou, gouri.
Cuisinier, ère.	Défowo, défobé.

Cuisse.	Boual, boué.
Cuit.	Bendoudo, bendoubé.
Cuivre.	Diaka, diakadji.
Culotte (indigène).	Touba, toubadji.
Cultivateur.	Démowo, rémobé.
Dampé.	Coci, cocidji.
Danseur, euse.	Gamowo, amobé.
Datte.	Tamaro, tamarodjié. A.
Dattier.	Tamarowi. A.
Débarquement.	Diengol.
Débauché.	Saysay, saysayèbé.
Défaite (d'une armée).	Songoudé.
Délai.	Ladjial, ladjié.
Dent.	Gniré, gnidié.
Dernier.	Tiakkitido, sakkitibé.
Désert.	Laddé.
Dette.	Niamandé, niamalé.
Diable.	Guinné, guinnedji. A.
Dieu.	Allah. A.
Difficile.	Tiattoudo, sattoubé
Digue.	Gambol, gambi.
Discours.	Ala, aladji.
Disette.	Egué, éguédji.
Doigt.	Fédendou, pédéli.
Dos.	Tiaggal, tiaklé.
Dot (donnée par l'homme).	Te*ngué*, te*ngué*djié.
Double.	Labididi.
Doux (au goût).	Kovéli.
Doux (de caractère).	Bebdo, vebbé.
Drapeau.	Raya, rayoudji. A.
Droit (non courbe).	Péodo, féobé.
Dur.	Tido, tidbé.
Dyssenterie.	Rédou didiam, dedi didiam (sang de ventre).
Eau.	Ndiiam, didjié.
Eau-de-vie.	Sangara.
Ebène (bois d').	Dialambani, dialambanidjié.
Ecarlate (étoffe)	Daldé, dalé.
Eclair.	Madjéré, madjé.
Ecole.	Doudal, doudé.
Economie.	Bomtingal, bomtinguédji.
Ecrit (lettre, livre).	Windoudé.
Effets.	Kaké.
Egal.	Poddo, fodbé.
Eléphant.	Nowa, gnibi.
Embarcation.	Lana, ladé.
Embuscade.	Hippordé, hippordédji.
Encre.	Ngomboudi.
Encrier.	Daa, daadji. A.
Energie.	Berndé, berdé.
Enfant.	Tioukalel, tioukalogne.
Enfant (progéniture).	Biddo, bibbé.
Enfer.	Djieygol, djieyli.
Ennemi, e.	Ganion, hagnebé.
Entrailles.	Tettokol, tettéki.
Envoyé, e.	Noulado, noulabé.
Epais.	Tekkoudo, tekkoubé.
Epaule.	Walabo, balabé.

Epervier.	Liouré, liué.
Epoux.	Guendirado, guendirabé.
Epouse.	Tiouddido, souddibé.
Escale.	Dal, daloudji.
Esclave.	Diado, diabé.
Espion.	Korowo, horobé.
Esprit.	Aqilé, aqiladji. A.
Est.	Founnagué.
Etalon.	Kalaldi, kalali.
Eternel.	Togaçata.
Etoile.	Hodéré, kodé.
Etranger, ère.	Kodo, hobé.
Etrier.	Alkabéré, alkabedjié. A.
Etroit.	Pado, fadbé.
Européen, enne	Toubak, toubakobé.
Expédition (de guerre).	Lawol kounou, labikounou.
Extraordinaire.	Kaounido, haounibé.
Facile.	Bebdo, vebbé.
Faible.	Pamaro dolé, famarbé dolé.
Faim.	Egué, éguedji.
Famille.	Moucido, moucidbé.
Fantassin.	Tamaké, tamakourou.
Farine (de mil).	Tioundigaouri, tionélégaouri.
Fatigant.	Tampinowo, tampinobé.
Faucille.	Wafdou, bafdé.
Faux (homme).	Fénandé, pénalé. A.
Femme.	Debbo, rewbé.
Fer.	Diamdi, diamdélé.
Ferme (énergique).	Tido, tidbé.
Fête.	Niadé, diouldé.
Feu.	Diaïngol, dieyli.
Fièvre.	Paongal, paolé.
Figuier (sauvage).	Diwi, djibbé.
Figure.	Ieço, djiécé.
Fil.	Borollaoul, borolladji.
Fil à voile.	Garawol, garadji.
Fille.	Biddo debbo, bibbé réwbé.
Fils.	Biddo gorko, bibbé worbé.
Fin (mince).	Tiéoudo, séobé.
Flèche.	Koural lanial, kouré lanié.
Fleur.	Pindi.
Fleuve.	Mayo, madjié.
Flûte.	Lital, lité.
Fontaine (puits)	Boundou, boulli.
Forêt.	Doundou, doulli.
Forgeron.	Baélo, waélbé.
Fort.	Diomdolé, diomdolébé.
Fossé.	Gaska, gasdé.
Fossoyeur.	Gaçowo sabéré, gaçobé tiabédji.
Fou.	Kangado, hangabé.
Fourmi.	Mottellou, mettelli.
Fourneau.	Définirdé, définirdédji.
Fourreau.	Wana, wanadji.
Frère aîné.	Maoudo, maoubé.

Frère cadet.	Miniérado, miniérabé.
Froid (adjectif).	Boubdo, boubé.
Froid.	Diangol, diali.
Fronde.	Lattoundou, lattouli.
Front.	Tindé, tidé.
Fruit.	Bibbé leddé.
Fumier (de cheval).	Douboudié poutiou.
Fusil.	Fétel, féléladji.
Gage.	Dioukoundé, diaoudi.
Gai.	Beldo didiam, velbé didiam.
Gale.	Haéré, gaé.
Galette (pain).	Mboudou, boudi.
Gardien, enne.	Dénowo, rénobé.
Gargoulette.	Boulkou, boulki.
Gendre.	Ecirado, écirabé.
Général (chef d'armée).	Diomkonou, diomkonoudji.
Générosité.	Modjéré.
Génisse.	Wigué, bidji.
Genou.	Hofourou, kopi.
Gens.	Neddo, imbé.
Giberne.	Makatoumrou, makatoumi.
Girafe.	Ndiambala, diamali.
Girofle.	Tioksoké, tioksokedji.
Glace (miroir).	Darorgal, darordé.
Gommier (espèce d'acacia).	Pattouki, pattoudé
Gonatier.	Gaoudi, gaoudé.
Gourde (pour l'eau).	Saçandiiam, saçadji diiam.
Gourmand.	Kounio, hougnebé
Graines (de melon du pays).	Foddéré, podé.
Grand.	Maoudo, maoubé.
Grappin.	Môli, molidji.
Gras.	Paydo, faybé.
Griot, ote (caste de musiciens)	Gaoulo, haouloubé
Gris (cendre).	Pouro, pouri.
Gris-gris (amulette).	Niaodagal, niaodalé.
Gros.	Bouto, boutitbé.
Gué.	Dioudé, dioulé.
Guépard (espèce d'once).	Tiéongou, tiéoudi.
Guerre.	Haré, karéli.
Guerrier, ère.	Kabétédo, habétébé.
Gueule tapée (grand lézard)	Elé, éledji.
Guinée (toile bleue).	Bagué, baguédji.
Habitude.	Bak, bakouli.
Habituel.	Taboutindo, taboutinbé.
Hache.	Diambéré, diambé.
Haie.	Gallé, galledji.
Hameçon.	Wandé, ballé.
Hanche.	Açangal, açalé.
Hardi.	Tiousdou rédou, sousbé dédi.
Haricots du pays.	Niéwré, niébé.
Hausse (d'une marchandise).	Ndiaro, ndiaredji.
Haut.	Tooudo, tooubé.
Hégire (ère des mahométans).	Fergo, fergodji.
Herbe.	Koudo, koudi.

Hérisson.	Sammoudé, tiammoulé.
Herminette.	Saota, saotadji.
Heureux.	Malado, malabé.
Hibou.	Poupoubal, poupoubé.
Hippopotame.	Ngabou, gaboudji.
Histoire.	Kabarou, kabaroudji. A.
Hiver.	Dabboundé, dabboulé.
Hivernage.	Ndoungou, ndoungoudji.
Homme blanc.	Bodédjio, wodébé.
Homme libre.	Dimo, rimbé.
Homme noir.	Balédjio, balébé.
Homme rouge (poul ou maure).	Bodedjo, wodébé.
Honteux.	Kersoudo, hersoubé.
Hospitalier.	Diomkodo, diomhobbé.
Huile.	Diluir (corruption de *de l'huile*). F.
Huître.	Houdio, goudié.
Humain.	Labdo rédou, labbé dédi.
Hyène.	Fowrou, pobbi.
Hypocrite.	Baledjio rédou (qui a le cœur noir), balébédédi.
Ibis.	Baldoumaral, baldoumaré.
Idiot.	Daydo, daybé.
Idolâtre.	Kéféro, héferbé. A.
Impie.	Kéféro, héferbé. A.
Impoli.	Nétaro, nétarbé.
Important.	Godiado, wodiabé.
Incendie.	Tioumou, tioumoudji.
Indigo.	Bourou, bouroudji
Industrieux.	Péoudiowo, féoudiobé.
Injuste.	Ognido, ognibé.
Instant.	Ayéco.
Instructif.	Gandinowo, handinobé.
Intelligence.	Aqillé. A.
Intelligent.	Diom aqillé, diom aqilladji. A.
Interprète.	Nantiowo, nantinobé.
Islamisme.	Lawol mohamadou
Ivoire (morfil).	Gniré niwa, gnidié nibi (dent d'éléphant).
Ivrogne.	Mandiltédo, mandiltébé.
Jaloux.	Kirowo, hirobé.
Jambe.	Kosongal, koydé.
Jeûne.	Korka, korkadji.
Jeune.	Souka, soukabé.
Joli.	Modjio *n*gari, modjoubé *n*gari.
Joue.	Habougo, gaboulé.
Jour (24 heures)	Nialoungou, nialdi.
Jour (opposé à la nuit).	Nialaouma, nialaoumadji.
Journée (de marche).	Baldé.
Joyeux.	Beldo didiam, velbé didiam.
Juge.	Niawawo, niawobé.
Jugement.	Niaworé, niawodjé
Jumeau.	Pouniébé, founébé

Jument.	Ndiarlou, diarli.
Juste.	Péodo, féobé.
Laborieux.	Kilnotodo, hilnotobé.
Lac.	Védou, béli.
Laid.	Bondo *n*gari, bonbé *n*gari.
Laine.	Lébol balou, lébibali (poil de mouton).
Lait (en général).	Koçam, kotiédji.
Lait frais.	Biradam.
Lait aigre.	Kadam.
Lalo (feuilles de baobab).	Lalo, lalodji.
Lance.	Bangou, badi.
Langage.	Bollé.
Langue.	Demgal, demdé.
Languissant.	Diourmikinido, iourmikinibé.
Laptot (matelot indigène).	Lapéto, lapétobé.
Large.	Diadjdo, iadjbé.
Larme.	Gongol, gondi.
Léger.	Kohido, hohibé.
Légitime (enfant).	Billawol, bibbé labi.
Lent.	Leldo, lelbé.
Lèpre.	Réwam diondé.
Lettre (missive)	Talkourou bataké, talki batakoudji.
Lèvre.	Tondou, toni.
Lézard.	Bati, batidji.
Libéral (généreux).	Karantchiré, haransirébé.
Libre (homme).	Dimo, rimbé.
Lièvre.	Wodjéré, bodjé.
Limaçon.	Babahonioldou (le père à la maison tortueuse), bamdi konioli.
Lime.	Teltélal, teltélé.
Limon (vase).	Bakkéré, bakké.
Lion.	Barodi, barodé.
Lit.	Léço, létié.
Livre.	Deftéré, defté. A.
Long.	Dioudo, dioudbé.
Louable.	Kando iettédé, hambé iettédé.
Lougan (champ, jardin).	Nguéça, guécé.
Lumière.	Diomgol.
Lumineux.	Iaynido, iaynibé.
Lune.	Léwrou, lebbi.
Lynx.	Safandou, tiafalé.
Maçon (pour cases).	Mawo, maobé.
Mâchoire.	Gapgal, gablé.
Magasin.	Fawrou, pabi.
Mahométan.	Diouldo, dioulbé.
Maigre.	Podjio, fodjbé.
Main.	Dioungo, dioudé.
Maïs.	Maka, makadjié.
Maison.	Gallé, gallédji.
Maître (d'un esclave).	Kalfoudo, halfoubé. A.
Maître d'école.	Dianguinowo, dianguinobé.
Malade.	Niaoudo, niaoubé.
Maladie.	Niao, niabbouli.
Malheureux.	Diomouciba, diomoucibadji. A.
Malhonnête (fripon).	Goudio, wibé.
Mallette (petite malle).	Boyet. F.

Marabout (prêtre musulman).	Tierno, sérenbé.
Marais.	Vendou, béli.
Marchand, ande	Dieyowo, ieyobé.
Marchandise.	Diaodi, diaodélé.
Marché (lieu où l'on vend).	Diéré.
Marcheur.	Diaowo, iaobé.
Mari.	Guendirado, guendirabé.
Marigot.	Tiangol, tialli.
Marteau.	Foulla, foulladji.
Mât.	Gaéai, gaéayé.
Matin.	Soubaka, soubakadji. A.
Maudit.	Molétédo, molétébé.
Maure.	Tiapato, sapalbé.
Mauvaise (chose).	Bondé, bondé.
Méchant.	Niangoudo, niangoubé.
Mecque (la).	Maka. A.
Médecin.	Tiafrowo, safrobé.
Meilleur.	Bourdo, bourbé.
Mélasse.	Milas. F.
Melon.	Dendé, déné.
Même.	Gotoum, wotoubé.
Mémoire.	Siftordé.
Mensuel.	Léourou kala, lebbi kala.
Menteur.	Pénowo, fénobé.
Méprisable.	Diavado, iavabé.
Mère.	Ioumma, iouméra-bé.
Mesure.	Bétirgal, bétirdé.
Meule (tas de paille).	Diooure oudo, diovè oudo.
Miel.	Dioumri.
Mil (en général).	Gaouri, gavedjié.
Mil (très-petit).	Niarikali, niarikalidji.
Mil (petit, noir).	Ndiamiri, ndiamiridji.
Mil (gros, rouge)	Sammé, sammédji.
Mil (gros, blanc)	Féla, féladji.
Milieu.	Akkoundé.
Mince.	Tiéodo, séobé.
Mine (puits de).	Ngaska, gasdé.
Ministre.	Farba, farbadji.
Miroir.	Darorgal, darordé.
Modeste.	Diodinido, iodinibé.
Mois (lunaire).	Léourou, lebbi.
Moitié.	Fetchéré, petchié.
Moment.	Ayéço. A.
Monde.	Adouna. A.
Montagne.	Touldé, toulé.
Morfil (ivoire).	Gniré niwa, gnidié nibi.
Mors.	Labangal, labalé.
Mort (la).	Maédé, maélé.
Mortier (pour piler le mil).	Wourou, bobi.
Mosquée.	Micida, micidadji. A.
Mou.	Datdo, datbé.
Mouche.	Mboubou, boubi.
Mouchoir.	Miçor, miçoradji. F.
Mousseline.	Saci, sacidji. A.
Moustache.	Soumsoumko.
Moustique.	Bongou, booudi.
Mouton.	Ndiaoudi, diaoudi.
Muet.	Moumo, moumbé.

Mule.	Mbam-poutiou (âne-cheval), bamdi-poutchi.
Mur d'enceinte (en terre glaise).	Tata, tatadji.
Muraille.	Maadi.
Musc.	Misc. F.
Musicien (instrument à vent).	Litowo, litobé.
Musicien (instrument à corde).	Kodowo, hodobé.
Musicien (chanteur).	Djimowo, iimobé.
Musulman.	Diouldo, dioulbé.
Natte.	Ndis, ndiçoudji.
Naufrage (d'un navire qui se brise).	Kéloulana, kéloudji ladi.
Naufrage (d'un navire qui sombre).	Diolagol lana, diolagol ladi.
Navire.	Lana, ladé.
Nécessaire.	Kohani.
Négligent.	Belcindido, velcindibé.
Négoce.	Dioula, dioulagou.
Négociant.	Dioulanké, dioulankobé.
Neuf.	Kéço, hesbé.
Neveu (fils de sœur).	Badirado, wadirabé.
Neveu (fils de frère).	Biddo, bibbé.
Nez.	Hinéré, kiné.
Nid.	Sabboundou, tiabbouli.
Noble.	Dimo, rimbé.

Noir.	Baledjio, balébé.
Nom.	Indé, indé.
Nord.	Réo.
Nourrice.	Mouininowo, mouininobé.
Nouveau.	Kéço, hesbé.
Nu.	Bandoumérou, balliméhi.
Nuage.	Rouldé, doulé.
Nuisible.	Bonanowo, bonanobé.
Nuit.	Diamma, diammadji.
Nul.	Aygoto.
Obligatoire.	Kohani.
Obligeant.	Nototodo, nototobé.
Obscur.	Nibéré, nibé.
Odeur (bonne).	Ourgol, ouréli.
Odeur (mauvaise).	Loumgol, loubdi.
Odorant (mal).	Loubdo, loubbé.
Odorant (bien).	Ourdo, ourbé.
Œil.	Hitéré, guité.
Œuf.	Bottiondé, bottiodé.
Oignon.	Waçaldé, basallé. A.
Oiseau (petit).	Sondou, tiolli.
Oiseau (grand).	Ndiouri, diué.
Oisif.	Mogollata, bengollata.
Ombre.	Boubri, boubédjié.
Oncle (frère de mère).	Kahurado, kahurabé.
Oncle (frère de père).	Bapanion.
Ongle.	Séguéné, séguénédji.

Or.	Ka*ng*ué, kanguédji.
Oreille.	Nofourou, nopi.
Oreiller.	Talla, talladji.
Orgueilleux.	Maouni kinido, maouni kinibé.
Orphelin (de père.	Aliatim, aliatimabé. A.
Orphelin (de mère).	Baé, baéabé.
Os.	Djial, djié.
Ouest.	Irnangué.
Outarde.	Dobal, dobé.
Outil.	Ligorgal, ligordé.
Outre.	Saça, saçadji.
Pagne (en pièce).	Houdéré, goudé.
Pagne (autour du corps).	Ndiodiom, ndiodiomadji.
Paiement.	Dioubdi.
Paille.	Houdo, koudéli.
Pain.	Mboudou, boudi.
Paix.	Beldal, beldé.
Palissade.	Kohogol gallé, kohogol gallédji.
Palmier (dattier).	Tamarowi, tamarodjié. A.
Panier.	Tienguélal, tienguélé.
Pantalon.	Touba, toubadji.
Panthère.	Tiooungou, tiéoudi.
Papier.	Kaït, kaïtadji. A.
Papillon.	Bédélalla, bédognalla (petite bête de Dieu).
Paquet.	Saodou, tiaoli.
Paradis.	Aldianna. A.
Paresseux.	Nbadi, nbadibé.
Parfum.	Koouri.
Patience.	Mougnegol.
Part.	Guédal, guédé.
Paupière.	Timano itéré, timali guité.
Pays.	Leydi, leydélé.
Peau.	Ngourou, ngouri.
Pêcheur.	Tiouballo, soubalbé.
Pécheur.	Diombakat, diombakatoudji.
Pélican.	Bom, bomoudji.
Perdrix.	Guerlal, guerlé.
Père.	Baba, babirabé.
Perruche.	Soyrou, tiodji.
Personne (une).	Néddo, imbé.
Peste.	Mouciba, moucibadji. A.
Petit.	Tokocel, tokoci.
Pied.	Dankikoégal, dankikoédé.
Pierre.	Haéré, kadjé.
Pierre (à fusil).	Haéréfétel, kadjéfétel.
Pieux.	Diouldo, dioulbé.
Pillage.	Djirgol, diréli.
Pilon.	Oundougal, oudoundé.
Piment.	Niamako, niamakodji.
Pintade.	Diaougal, diaolé.
Pipe.	Diardougal, diardoulé.
Pirogue.	Lana, ladé.
Pistache (de terre).	Hiertéré, guerté.

Pistolet.	Kabous, kabouçadji. A.
Plaine.	Niarwal, niarvé.
Plein.	Kéodo, héobé.
Plomb (métal).	Bédek, bédékadji.
Plomb (de chasse).	Merso, mersodji.
Pluie.	Tobo, tobodji.
Plume (d'oiseau).	Sigué, siguédji.
Poignard.	Labi, labé.
Poil.	Lébol, lébi.
Point du jour.	Alfadjiri. A.
Pointu.	Tiebdo, sebbé.
Poison.	Dabaré, dabarédji.
Poisson.	Lingou, ligdi.
Poitrine.	Berndé, berdé.
Poltron.	Kouldo rédou, houlbé dédi.
Pont (des naturels, en terre).	Sala, saladji. A.
Porc-épic.	Sangaldé, tiangallé.
Porte.	Dambougal, damoudé.
Portefeuille.	Makatoumrou, makatoumi. A.
Pot (petit, pour l'eau).	Payanel tokocel, payanon tokoçon
Pot (plus grand, pour l'eau).	Londé, lodé.
Pot (pour la cuisine).	Fayandé, payané.
Pot (grand, pour teindre).	Mbandouré.
Potier.	Bournadjio, bournabé.
Pouce.	Fédendou wordou, pédéli gouri.
Poudre (de guerre).	Tiondi poutouri, tionéré pouteur. F.
Poulain.	Molou, moli.
Poule.	Guertogal, guertodé.
Poussif.	Pahowo, fahobé.
Présent (adj.).	Tawado, tawabé.
Prêt (adjectif).	Péounitido, féounitibé.
Prêtre (chrétien).	Tierno toubak, sérenbé toubak.
Prêtre (musulman).	Tierno, sérenbé.
Prix (valeur).	Tioggou, tioggouli.
Prodigue.	Bonnowo, bonnobé.
Profond.	Lougoudé, louguiddé.
Prompt.	Diaoudo, iaoubé.
Prophète.	Waliou, waliabé. A.
Propre.	Labdo, labbé.
Propriété.	Diom, diomérabé.
Prostituée.	Djinowo, djinobé.
Provision.	Diobari, diobadjié.
Puce.	Fel, féloudji.
Puissant.	Diom dolé, diom dolébé.
Puits.	Boundou, boulli.
Punition.	Leptoungal, leptoulé.
Quadruple.	Naïabel.
Quart.	Naiébel.
Querelle.	Douko, doukodji.
Querelleur.	Douk détédo, douk détébé.
Queue.	Latchi, latchédjié.
Race (par la mère).	Léniol, lédji.

Race (par le père).	Iettodé, diettodjié.
Raisonnable.	Péodo, féobé.
Rançon.	Tiottigou, tiottoulé
Rapide.	Diaoudo, iaoubé.
Rare.	Tiattoudo, sattoubé.
Rasoir.	Pemborki, pembordé.
Rat.	Domrou, dombi.
Razzia.	Bamé.
Récolte.	Tionial, tionié.
Récompense.	Djénari, djénadjié.
Reconnaissant.	Diettowo, iettobé.
Réflexion.	Midio, midiodji.
Régulier (convenablement fait).	Poddo, fodbé.
Remède.	Lekki, leddé.
Repas du matin.	Bottari, bottadjé.
Repas du soir.	Irandé, tiradé.
Reptile.	Nboddi, bollé.
Respectueux.	Teddinowo, teddinobé.
Restitution.	Douttoungal.
Riche.	Diom daoudi, diom diaoudien.
Ridicule.	Dialnido, dialnibé.
Rien.	Ayhoundé.
Rivage.	Pokopokolam, pokopokolé.
Riz.	Maro, marodji.
Roi.	Lamdo, lambé.
Rond.	Mourlido, mourlibé.
Ronier.	Doubbi, doubbé.
Roseau (pour écrire).	Koudoldaa, koudidaa. A.
Rouge.	Goddioudo, hoddioubé.
Rouillé.	Tooudo, tooudi.
Roum.	Roum, roumoudji. F.
Rue.	Bolol, boli.
Ruisseau.	Tialouguel, tialoukogne.
Rusé.	Diodio, diodjbé.
Sable.	Diarendi, diarélé.
Sabre.	Silama, silamadji.
Sac.	Sakou, sakoudji. F.
Sage (réservé).	Néydo, néybé.
Saindoux.	Nébambaba (beurre de porc).
Saison.	Diamano, diamanodji. A.
Sale.	Tounoudo, tounououbé.
Saline.	Wendou lamdam, béli lamdam.
Salive.	Touté, toutadé.
Salut.	Salminango, tialminali. A.
Sang.	Djidiam, djidié.
Sanglant.	Bouldo, boulbé.
Sanglé (mets).	Gniri, gniédié.
Sanglier.	Mbaba laddé, bamdi laddé (cochon du désert, sauvage).
Sangsue.	Balkou, balki.
Sauvage.	Bondo, bonbé.
Savant (marabout).	Fodia, fodiabé.
Savon.	Saboundé, tiabouné. A.
Scie.	Labignidié, labé-

Français	Poular
	gnidié (poignard à dents).
Sec.	Diordo, iorbé.
Sécheresse.	Hokkéré, kokké.
Second.	Didabel.
Seine (filet).	Diaoulol, diaouli.
Sel.	Lamdam, lamdamédjié.
Selle.	Hirké, hirkedji.
Sellier.	Sakké, sakkébé.
Semaine.	Iontéré, dionté.
Semblable.	Guidia, guidjirabé.
Sensible.	Labdo rédou, labé dédi.
Sérieux.	Paéyo dindo, fayo dinbé. A.
Serment.	Watoré, batodjié.
Serpent.	Badiolleydi, badileydi.
Serrure.	Niogom, niogomadji.
Silence.	Dedjéré, dedjié.
Simple (non rusé).	Méo mébé.
Singe.	Wandou, badi.
Société (entourage).	Dental, ndenté.
Sœur.	Bandirado debbo, wandirabé rewbé.
Soie.	Hariré, hariradji. A.
Soigneux.	Kilnido, hilnibé.
Soir.	Kikidé, kikidedji.
Soleil.	Nagué, naguéli.
Solide (objet).	Tiddo, tidbé.
Solitaire.	Iévendé, iévendédji.
Sorcier.	Soukounia, soukouniabé.
Soufflet (sur la joue).	Hello, kellé.
Soufre.	Tangaragata, tangaragatadji.
Soulier.	Fado, padé.
Soupir.	Fofandou, pofali.
Sourcil.	Waywayko, waywaykodji.
Sourd.	Paho, fabé.
Souvenir.	Midio, midiodji.
Spirituel.	Akilanté, akilantébé. A.
Sucre.	Soukara, soukaradji. F.
Sucreton.	Perkan, perkanoudji. F.
Sud.	Worgo.
Sueur.	Warniédé, barniélé.
Supérieur (chef)	Gardido, hardibé.
Syphilis.	Diondé, diondédji.
Tabac.	Simmé, simmédji. A.
Tabatière.	Taboucéré, taboutiédjié. F.
Tabatière (roseau servant de).	Koroual simmé, koroé simmé.
Tache (souillure).	Takougol, taki.
Talon.	Tépéré, tépé.
Tafsir (qui explique le Coran).	Tafsirou, tafsirabé. A.
Tante (sœur de la mère).	Ioumma tokoço (petite mère), ioummirabé tokosbé.

Tante (sœur du père).	Gorgol, gorgolabé.
Taureau.	Kalhaldi, kalhali.
Téméraire (brave).	Tiousdo rédou, sousbédédi.
Tenaille.	Kampaoual, kambadjié.
Tente.	Tilliça, tilliçadji. A.
Terme (temps).	Ladial, ladié. A.
Terre (cultivable).	Leydi, leydé.
Terrible.	Koulbinido, houlbinibé.
Tête.	Horé, koé.
Tiers.	Tatabal.
Tigre.	Tiooungou, tiooudi.
Timide.	Mogguido, mogguibé.
Tison (allumé).	Détiatal, détiété.
Tisserand.	Tianiowo, saniobé.
Toit (d'une case).	Tiba, tibadji.
Tombeau.	Haniéré, ganiédjié.
Tonnerre.	Dirango, dirali.
Tornade.	Djiwandé, djiwolé.
Tortu.	Ognido, ognibé.
Tortue.	Hendé, kédé.
Touffu.	Viltoundé, biltoudé.
Tourterelle (pigeon de Marie).	Fondou mariama, poli mariama.
Tout.	Fof.
Trace (vestige).	Baté koégal, baté koédé.
Traitant.	Diaeyowo ieyobé.
Traite.	Ndieygou, diaédé.
Traître.	Diambotodo, diambotobé.
Tranquille.	Déidjdo, déidjbé.
Transport.	Rouço, douci.
Tribunal.	Niaordé.
Tributaire.	Tottowo sagallé, tottobé sagallé.
Triple.	Tatabel.
Triste.	Diourminido, iourminibé. A.
Trompeur.	Pountowo, fountobé.
Troque.	Wattoudé, battéli.
Trouble.	Houddoundé, gouddoudé.
Troupeau.	Diofendé, diofdé.
Ulcère.	Ouré, oubé.
Un.	Goo.
Unique.	Kogotoum.
Urgent.	Kohani.
Usage.	Bak, bakoudji.
Utile.	Kohani.
Vache.	Naggué debbo, naï debbi.
Vagabond.	Djilotodo, ilotobé.
Vaillant.	Tiousdo rédou, sousbé dédi.
Valeur (prix).	Tioggou, tioggouli.
Vautour.	Doutal, douté.
Veau.	Nialé, nialbi.
Veine (ou nerf).	Dadol, dadi.
Vengeur.	Diomnotodo, iomnotobé.
Vent.	Endou kénéli.
Vent d'est.	Endou founnangué, kénéli founnangué).
Venin.	Toké, tokédji.

Vente.	Ndieygou, ndieygouli.	Vieillard.	Naédio, naébé.
Ventre.	Rédou, dédi.	Vierge (jeune fille).	Bomri, bomi.
Ver.	Nguilndou, guildi.	Vieux.	Naédio, naébé.
Véridique.	Kalowo gonga, halobé gonga.	Vigoureux.	Diom dolé.
Vérole (petite).	Wadéré, badé.	Vilain (mauvais d'aspect).	Bondo*ng*ari, bonbé*ng*ari.
Verroterie.	Niaéré, niadjié.	Village.	Houro, gouré.
Vert.	Gobou, goboudji.	Ville.	Houro, gouré.
Vertueux.	Diouldo, dioulbé.	Vin.	Bigne. F.
Veuve (en général, femme non vierge).	Diwo, diwbé.	Violent.	Tikkowo, tikkobé.
		Visage.	Iéço, diécé.
		Vivant.	Gourdo, hourbé.
Viande.	Téo, tébouli.	Voisin.	Hoddido, woddibé.
Victoire.	Kaougou, kaougoudji.	Voleur.	Gouddio, wibé.
		Volonté.	Béladé.
Victorieux.	Bawo, wawobé.	Volumineux.	Maoundé, maoudé.
Vide.	Méré, méhé.	Vue.	Hidé, guidé.

VERBES.

Abaisser.	Lesdindé.	Accroupir (s').	Soppinadé.
Abandonner.	Woppoudé.	Acheter.	Soddé.
Abattre.	Libdé.	Accuser.	Appoudé.
Aboyer.	Wofdé.	Affranchir (un esclave).	Atiendé allah.
Abreuver.	Iarnoudé.	Aider.	Walloudé.
Abriter (s') du soleil.	Sourdé.	Aimer.	Iidé.
Abriter (s') de la pluie.	Louadé.	Ajouter.	Diokkoudé.
		Aller.	Iadé.
Abuser.	Fountoudé.	Aller à cheval.	Wadadé poutiou.
Accepter.	Diabdé.		

Allumer.	Ouboudé.
Amuser (s').	Fidjdé.
Apaiser.	Artadé.
Appeler.	Notdoudé.
Apporter.	Addoudé.
Apprendre (s'instruire).	Ekitadé.
Apprêter (s') pour un voyage.	Ebadé.
Apprivoiser.	Wonadé.
Approcher.	Battindé.
Approcher (s').	Badadé.
Approuver.	Gongdindé.
Appuyer.	Bardé.
Appuyer (s').	Baradé.
Armer (s').	Dioguétadé.
Arranger.	Féounoudé.
Arrêter (s').	Daradé.
Arrêter quelqu'un	Darnoudé.
Arriver.	Hardé.
Assembler (s').	Rentindé.
Asseoir (s').	Diodadé.
Associer (s') pour le commerce.	Rendindé diaoudi.
Attacher.	Aboudé.
Attendre.	Faddé.
Avaler.	Moddé.
Avancer.	Iaroudé iéço.
Avertir.	Tintindé.
Avoir (posséder).	Dagnedé,
Avoir besoin.	Dagnedé sokla.
Avoir faim.	Odjédé.
Avoir peur.	Houldé rédou.
Avoir soif.	Domdoudé.
Baigner (se).	Lotadé.
Bâtir (en maçonnerie ou en terre).	Madé.
Battre.	Fidé.
Bavarder.	Doukdé.
Blanchir.	Ranvindé.
Blesser.	Fiddé.
Blottir (se).	Toumpiladé.
Boire.	Iardé.
Bondir.	Dioudé
Borner (limiter).	Erdé.
Boucher.	Soukoudé.
Brider.	Wattoudé labangal.
Broder.	Sokdé outté.
Brûler.	Soumdé.
Butiner.	Hondé, rougoudé.
Cacher.	Sornoudé.
Casser.	Heldé.
Changer.	Wostadé.
Chanter.	Imdé.
Charger (un fusil).	Looudé fétel.
Charger (sur sa tête).	Rondadé.
Charger (une bête de somme).	Rimdoudé.
Chasser (renvoyer)	Rioudé.
Chasser (aller à la chasse).	Raddoudé.
Chauffer (se).	Itadé.
Chausser (se).	Bornadě padé.
Chercher.	Ndartoudé.
Choisir.	Soubadé.
Combattre.	Habdé.
Combiner.	Féoudoudé.
Commencer.	Fouddadé.
Compter.	Limdé.
Condamner (donner tort).	Lawol allah libdé.

Conduire.	Naoudé.
Connaître.	Andoudé.
Consentir.	Diabdé.
Coucher (se).	Léladé.
Couper.	Tadjdé.
Courber (un objet)	Ognedé.
Courir.	Dogdé.
Couvrir (un objet).	Ippoudé.
Couvrir (se).	Souddadé.
Cracher.	Touddé.
Croire.	Diabdé.
Crier.	Lougdé.
Cuire.	Defdé.
Cultiver.	Remdé.
Danser.	Amdé.
Décapiter.	Irsoudé.
Décharger (une bête de somme).	Riftoudé.
Déflorer (une jeune fille).	Wattoudé maoudo.
Déjeûner.	Atchitadé.
Délaisser.	Wopoudé.
Délivrer.	Dandoudé.
Demander (un cadeau).	Niagadé.
Demeurer.	Oddé.
Démolir.	Heldé.
Dénoncer.	Rendindé.
Descendre.	Telladé.
Désirer.	Iddé.
Développer (un objet).	Sooutoudé.
Dire.	Widé.
Disputer (se).	Dougdédé.
Distinguer (une chose).	Faltadé.
Distribuer.	Fettioudé.
Divorcer.	Séerdé.
Donner (en toute propriété).	Rokoudé.
Donner (mettre dans la main).	Tottoudé.
Dormir.	Danadé.
Doubler (un objet).	Soundirdé.
Douter.	Wasdé diabdé.
Écouter.	Etindadé.
Écrire.	Vindoudé.
Effrayer (s').	Guidédé.
Effrayer (quelqu'un).	Houlbindé.
Égarer (s'), être égaré.	Maddioudé.
Égarer (un objet).	Madjindé.
Empêcher.	Addé.
Emprisonner.	Dabroudé. A.
Emprunter.	Niamloudé.
Enivrer (s').	Mandilédé.
Enseigner.	Ékiddé.
Ensemencer.	Aoudé.
Entendre.	Nandé.
Enterrer.	Ouboudé.
Entrer.	Natdé.
Envoyer.	Nouldé.
Espérer.	Tiddiadé.
Étendre.	Fotioudé.
Étonner (s'), être étonné.	Nadjdé.
Étourdir.	Ildé.
Étourdi (être), éprouver un étourdissement.	Iilédé.
Étrangler.	Dédoudé.
Être (dans un lieu).	Wondé.

Étudier.	Ékitadé.
Éveiller.	Findindé.
Éviter.	Réendé.
Examiner.	Diéotindadé.
Excuser (s').	Afordé. A.
Exiger.	Faoudé.
Expédier (des marchandises).	Neldé.
Expirer.	Maédé.
Expliquer.	Tindindé.
Extraire.	Ittoudé.
Fâcher (se).	Tikoudé.
Faire.	Waddé.
Falloir (il faut).	Handé.
Fendre.	Fetchiddé.
Fermer.	Ouddoudé.
Finir.	Gaynoudé.
Fondre.	Haynoudé.
Forcer (à faire).	Wannoudé.
Forger.	Tafdé.
Former.	Féounoudé.
Frapper.	Fiidé.
Frémir.	Sinoudé.
Fuir.	Dogdé.
Fumer (du tabac).	Iardé tabaki (boire du tabac).
Fustiger.	Fidé.
Gagner (au jeu).	Haoudé.
Galoper.	Dognoudé.
Garder (veiller sur).	Rendé.
Gâter.	Bonnoudé.
Gâté (être).	Bondé.
Gérer.	Diogadé.
Germer.	Fouddé.
Glisser.	Tatadé.
Gouverner (un pays).	Lamadé.
Graisser.	Oudjdé.
Gronder.	Atiadé.
Grossir.	Maonindé.
Guérir quelqu'un.	Sellindé.
Guetter (pour nuire).	Ipadé.
Guetter (pour observer).	Soynadé.
Guider quelqu'un.	Ardadé.
Habiller (s').	Wattoudé tiomti.
Habiter.	Oddé.
Hacher.	Sopoudé.
Haïr.	Agnedé.
Hâter (se).	Iaoudé.
Hériter.	Rondé.
Hésiter.	Haoudioudé.
Honorer.	Teddindé.
Ignorer.	Wasdé andoudé.
Imposer (établir un impôt).	Faoudé bak.
Incendier.	Soumdé.
Incommoder.	Tampindé.
Indiquer.	Olloudé.
Informer.	Tintindé.
Informer (s').	Dartoudé gandal.
Inonder.	Ildé.
Interroger.	Lamdadé.
Irriter.	Tikindé.
Isoler.	Faltadé.
Jardiner.	Remdé.
Jeter.	Verladé.

Jeûner.	Ordé.
Joindre.	Diokoudé.
Jouer (s'amuser).	Fidjdé.
Jouir (avoir du plaisir).	Veldjoudé.
Juger.	Niaoudé.
Jurer (faire serment).	Waddé.
Labourer.	Léoudé.
Lâcher.	Wopoudé.
Laisser.	Wopoudé.
Laver (des étoffes).	Lonoudé.
Laver (se) les mains.	Sodadé.
Lever (se).	Oummadé.
Lire.	Diangoudé.
Louer (prendre en location).	Soadé.
Manger.	Niamdé.
Manquer (ne pas réussir).	Wopdé.
Manquer (être absent).	Loutédé.
Marcher.	Iadé.
Marier (se).	Soudoudé.
Mêler.	Rendindé.
Menacer.	Mabdé.
Mentir.	Fendé. A.
Mesurer.	Beddé.
Mettre.	Waddé.
Monter à cheval.	Waddadé.
Monter.	*Ng*aboudé.
Moquer (se).	Biindé.
Mordre.	*Ng*addé.
Mourir.	Maydé.
Nager.	Inadé.
Naître.	Djibinédé.
Nettoyer.	Sottioudé.
Nourrir.	Ournoudé.
Obéir.	Rewdé.
Ordonner.	Oumindé.
Orner.	Niégnedé.
Oter.	Ittoudé.
Oublier.	Iédjiddé.
Ouvrir.	Oudiddé.
Paître (faire)	Aynoudé.
Pardonner.	Atiandé aké.
Parler.	Haldé.
Payer.	Iobdé.
Penser.	Midiadé.
Perdre (égarer).	Madjindé.
Permettre.	Hokoudé.
Piler.	Oundé.
Plaindre (se) d'une douleur.	Witadé.
Plaire.	Veldé.
Pleurer.	Oïdé.
Pleuvoir.	Tobdé.
Porter (sur soi).	Wakkadé.
Poursuivre.	Abbadé.
Pousser.	Dougnedé.
Pouvoir.	Waodé.
Prendre.	Bamdé.
Prêter.	Loubdé.
Prier (supplier).	Niagadé.
Prier (dire des prières).	Niagadé allah.
Promener (se).	Iladé.
Prosterner (se) à genoux.	Ditiadé.
Protéger.	Walloudé.
Prouver.	Labindé.
Punir.	Leptoudé.

Quereller.	Doukdoudé.
Quitter.	Serdé.
Racheter (un esclave).	Sotoudé.
Ramener.	Artirdé.
Rapporter.	Addoudé.
Rassembler.	Rendindé.
Ravager.	Bonoudé.
Recevoir.	Hebdé.
Récompenser.	Iendé.
Reconnaître.	Heptindé.
Reculer.	Iaroudé tiagal.
Refuser.	Saladé.
Regarder.	Diéodé.
Regretter.	Nimciddé.
Réjouir (se).	Veldioudé.
Remplir.	Ebbindé.
Rencontrer.	Haouroudé.
Rendre.	Tottiddé.
Renvoyer.	Rioudé.
Repentir (se).	Soumdé berndé
Répéter.	Altoudé.
Répondre.	Diabadé. A.
Reposer (se).	Foftoudé.
Respecter.	Teddindé.
Respirer.	Fofdé.
Rester.	Diodadé.
Retourner (se).	Waklitadé.
Revenir.	Artoudé.
Révolter (se).	Diambadé.
Rire.	Dialdé.
Saler.	Waddé lamdam
Saluer.	Salmindé. A.
Sauter.	Dioudé.
Sec (être).	Iordé.
Sécher (verbe actif).	Iornoudé.
Secouer.	Onkoudé.
Sentir (flairer).	Hournadé.
Sortir.	Ialtoudé.
Souffler.	Wouttoudé.
Souffrir.	Leptadé.
Souvenir (se).	Siftordé. A.
Succéder (au pouvoir).	Lomtadé.
Sucer.	Moutioudé.
Suer.	Warnioudé.
Suffire.	Iondé.
Suivre.	Réoudé.
Supplier.	Niagadé.
Teindre.	Sououdé.
Terminer.	Gaénoudé.
Tirer (à soi).	Foddé.
Tomber.	Iandé.
Tondre.	Labdé.
Traduire.	Nantindé.
Trahir.	Diambadé.
Traverser.	Loumboudé.
Trembler.	Sinioudé.
Tromper.	Fountoudé.
Tuer.	Wardé.
Unir.	Rendoudé.
User (une chose complètement).	Gaénoudé.
Vaincre.	Haoudé.
Veiller (sur).	Réendé.
Veiller (passer la nuit).	Waldé danaki.
Vendre.	Iaédé.
Venger (se).	Iobnadé.
Venir.	Hardé.

Viser.	**Houldé.**	**Voler (dérober).**	**Houdioudé.**
Visiter.	**Diéotadé.**	**Voler (avec des ailes).**	**Dioudé.**
Vivre.	**Hourdé.**	**Vouloir.**	**Hiddé.**
Voir.	**Iidé.**	**Voyager.**	**Dannadé.**

PARTICULES.

(On a réuni sous le nom de particules tout ce qui n'est pas substantif, adjectif ou verbe.)

A (vers).	To (loin), do (près).	Autre.	Godo.
Adieu.	Iaoné diam.	Autrefois.	Guila adan.
Ailleurs.	Nokou godo.	Autrement.	Goddoum.
Ainsi (comme cela)	Koni.	Autrui (semblable)	Guidirado.
A l'entour.	Kofirli.	Avant.	Hadé.
Alors (en ce temps)	Nden.	Avant-hier.	Etchi hanki.
Après.	Tiagal.	Avec.	Miné.
Après-demain.	Fabi diango	Beaucoup.	Kohévi.
Après midi (de 12 à 2 heures).	Salli fana.	Bien.	Nomodji.
Après midi (de 2 heures à la nuit).	Kikidé.	Bientôt.	Dioni.
Assez (il suffit).	Ioni.	Bonjour.	Diam nialli.
Aucun.	Aygôto.	Bonsoir.	Diam hiri.
Aujourd'hui.	Handé.	Car.	Sabou. A.
Auparavant.	Guila adan.	Ce.	O (pour une personne).
Auprès.	To ba*ng*ué.	Ceci.	Doum.
Aussi (de même).	Sinon.	Cela.	Douma.
Aussitôt.	Doné don.	Celui-ci.	O.
Autant.	Kofoti non.	Celui-là.	Oya.
Autour.	Kofirli.	Cependant (pourtant).	Sokonondey.
		Certainement.	Kogonga.

Chacun.	Monikala.
Chez.	To.
Combien.	Nofoti.
Comme.	Hono.
Comment.	Holnon.
Conséquent (par).	Kodoumwadi.
D'abord.	Hadenden.
Dans.	To.
Davantage.	Ko bouri.
Dedans.	Tonder.
Dehors.	Tobowal.
Déjà.	Dioni.
Demain.	Diango.
Depuis.	Guilanden.
Derrière.	Tiaggal.
Désormais (une autre fois).	Niandé wondé.
Dessous.	Tollès.
Dessus.	Todoou.
Devant.	Toyéço.
Donc.	Bok.
Dorénavant.	Bawo handé.
Elle.	Kanko.
En (de là).	Toon.
Encore.	Kadi.
Enfin.	Batandémoum.
Ensemble.	Den.
Ensuite.	Tiaggal moum.
Et.	É.
Entre.	Akoundé.
Eux.	Kambé.
Eux-mêmes.	Kambé tigui.
Excepté.	Soona.
Fort.	Nofévi.
Guère.	Séda.
Hier.	Hanki.
Hors.	Bowal.
Ici.	Do.
Jadis.	Ndéen.
Jamais.	Abada.
Là.	To.
Laquelle.	Olihon.
Lentement.	Diam diam.
Lequel.	Olihon.
Leur.	Mabé (après le nom).
Loin.	Woddi.
Longtemps.	Kobohi.
Lorsque.	Ndé.
Lui.	Kanko.
Maintenant.	Dioni.
Mais.	Kono, éci.
Même.	Tigui.
Mien (le).	Koam.
Mieux.	Bourori.
Moi.	Min.
Moins.	Diaci.
Mon.	Am (à la place de la voyelle finale du nom).
Ne.	Wata (avec l'impératif).
Néanmoins.	Kononon.
Ni.	Wana.
Non.	Ala.
Notre.	Men (après le mot).
Nous.	Min en.
Nul.	Aygoto.
Où.	Ol.
Ou.	Mané.

Oui.	Eyo.
Outre.	Tiagal moum.
Parce que.	Sabou.
Parmi.	To.
Partout.	Nokou kala.
Pendant que.	Ndé.
Personne (aucune)	Aygoto.
Peu.	Séda.
Peut-être.	Diombani.
Plus.	Kobouri.
Plusieurs.	Kohévi.
Plus tôt.	Koyavi.
Plutôt (de préférence).	Gadoda.
Pour.	Sabou, ana.
Pourquoi.	Kohadidoum.
Pourtant.	Kononon.
Près.	Balli.
Presque.	Onononni.
Quand.	Mandé.
Quelques.	Gotel gotel.
Quelquefois.	Saa é saa. A.
Quelqu'un.	Goto.
Qui (interrogatif).	Hol.
Quiconque.	Mowavi wondé kala.
Quoi (interrogatif).	Kooni.
Seulement.	Tan.
Si (conditionnel).	So (1re et 3e pers.), sa (2e pers.).
Sien (le).	Komako.
Sinon.	Mané.
Soit (je consens).	Ia alla.
Son.	Mako (après le nom).
Sous.	Tollès.
Souvent.	Dio é dio kala.
Sur.	Todoou.
Tant (aussi longtemps que).	Adé.
Tantôt (passé).	Nané.
Tantôt (futur).	Diohan.
Tard.	Léli.
Tel (un tel).	Kari.
Tien (le).	Koma.
Toi.	An.
Toujours.	Niandékala.
Tout.	Fop.
Très.	Nofévi.
Trop.	Fanti.
Vers.	Ga, to, do.
Vis-à-vis.	Iéço.
Vite.	Kohiavi.
Volontiers.	Ia alla.
Vôtre.	Mon.
Y (là, ici).	To, do.

NOMS DES JOURS.

Dimanche.	Alet. A.
Lundi.	Altiné. A.
Mardi.	Talata. A.
Mercredi.	Alarba. A.
Jeudi.	Alkamiça. A.
Vendredi.	Aldjiouma. A.
Samedi.	Acet. A.

NUMÉRATION.

Un.	Go.
Deux.	Didi.
Trois.	Tati.
Quatre.	Nahi.
Cinq.	Dioï.
Six.	Diègom.
Sept.	Diè didi.
Huit.	Diè tati.
Neuf.	Diè nahi.
Dix.	Sappo.
Onze.	Sappo i goo.
Douze.	Sappo i didi.
Treize.	Sappo i tati.
Quatorze.	Sappo i nahi.
Quinze.	Sappo i dioï.
Seize.	Sappo i diegom.
Dix-sept.	Sappo i diè didi.
Dix-huit.	Sappo i diè tati.
Dix-neuf.	Sappo i diè nahi.
Vingt.	Nogas.
Vingt-un.	Nogas é goo.
Trente.	Tiapan tati.
Quarante.	Tiapandé nahi.
Cinquante.	Tiapandé dioï.
Soixante.	Tiapandé diégom.
Soixante-dix.	Tiapendé diè didi.
Quatre-vingts.	Tiapandé diè tati.
Quatre - vingt - dix.	Tiapandé diè nahi.
Cent.	Témédéré.
Cent un.	Témédéré é goo.
Cent trente-deux.	Témédéré tiapan-taté é didi.
Deux cents.	Témédé didi.
Mille.	Oudjiounnéré.
Premier.	Gadano goabo.
Deuxième.	Dimmo didabo.
Troisième.	Tatabo.
Quatrième.	Nayabo.
Cinquième.	Dioyabo.
Sixième.	Diégabo.
Septième.	Diédibo.
Huitième.	Diétabo.
Neuvième.	Diénayo.
Dixième.	Sappabo.
Onzième.	Sappo y goabo.
Cinquantième.	Tiapandé dioyabo.
Soixante - troi - sième.	Tiapandé diègom é tatabo.
Une fois.	Lawol gotol.
Deux fois.	Labé didi.
Trois fois.	Labé tati.

ERRATA ET ADDITIONS.

Page 7, ligne 18, après : « sont incertaines, » ajouter : « et peuvent être modifiées par de nouvelles découvertes paléontologiques. »

Page 12, ligne 17, après : « Indo-Germains, » ajouter : « ou plutôt Indo-Européens. »

Page 19 (note au bas de la page), au lieu de : « au commencement de ce siècle, » mettre : « au commencement du XVIIIe siècle. »

Page 19, ligne 24. Des nouvelles arrivées pendant l'impression de ce livre ont fait savoir que, grâce à l'intervention des forces françaises, l'armée des Toucouleurs a été repoussée du Cayor. Les États wolofs sont donc encore sauvés pour cette fois. Il n'en arrivera pas moins fatalement, dans un temps donné, que les Pouls, purs ou croisés, étendront leur domination jusqu'à l'embouchure du Sénégal, comme ils le feront jusqu'aux bouches du Niger.

Page 20, ligne 14, au lieu de : « prononcé, » lisez : « prononcée. »

Page 21, ligne 7, après : « cette race, » lisez : « noire. »

Page 25, ligne 29, au lieu de : « ouolof, » lisez : « wolof. »

Page 26, supprimer les lignes 13 et 14.

Page 27, ligne 2, ajouter : « etc. »

Page 28, ligne 2, au lieu de : « *bélo,* lire : « *bélé.* »

Page 32, lignes 21, 22, etc., supprimer les virgules après : *neddo, imbé, poutiou,* etc.

Page 36, lignes 14 et 15, au lieu de : « les quatre mains, » lire : « les quatre extrémités. »

Page 33, ligne 27, au lieu de : « *indé,* » lire : « *oudé.* »

Page 45, ligne 8, au lieu de : « *niami,* » lire : « *niama.* »

Page 46, ligne 18, au lieu de « *mbawo-à,* » lire : « *mbaw-a.* »

Page 46, ligne 30, au lieu de : « *djinowo,* » lire : « *djimowo.* »

Page 48, ligne 15, lire : « *mi hal-a-non.* »

Page 50, ligne 1, après : « pronom, » ajouter : « est. »

Page 51, ligne 16, après : « les vocables, » supprimer : « *pa, ma.* »

Page 53, ligne 1, ajouter : « en wolof, homme des bois (homme sauvage) se dit *gour ou alle.* »

Page 62, ligne 2, au lieu de : « Ségow, » lire : « Ségou. »

Page 72, ligne 12, au lieu de : « *tier-no,* » lisez : « *tiern-o.* »

TABLE DES MATIÈRES.

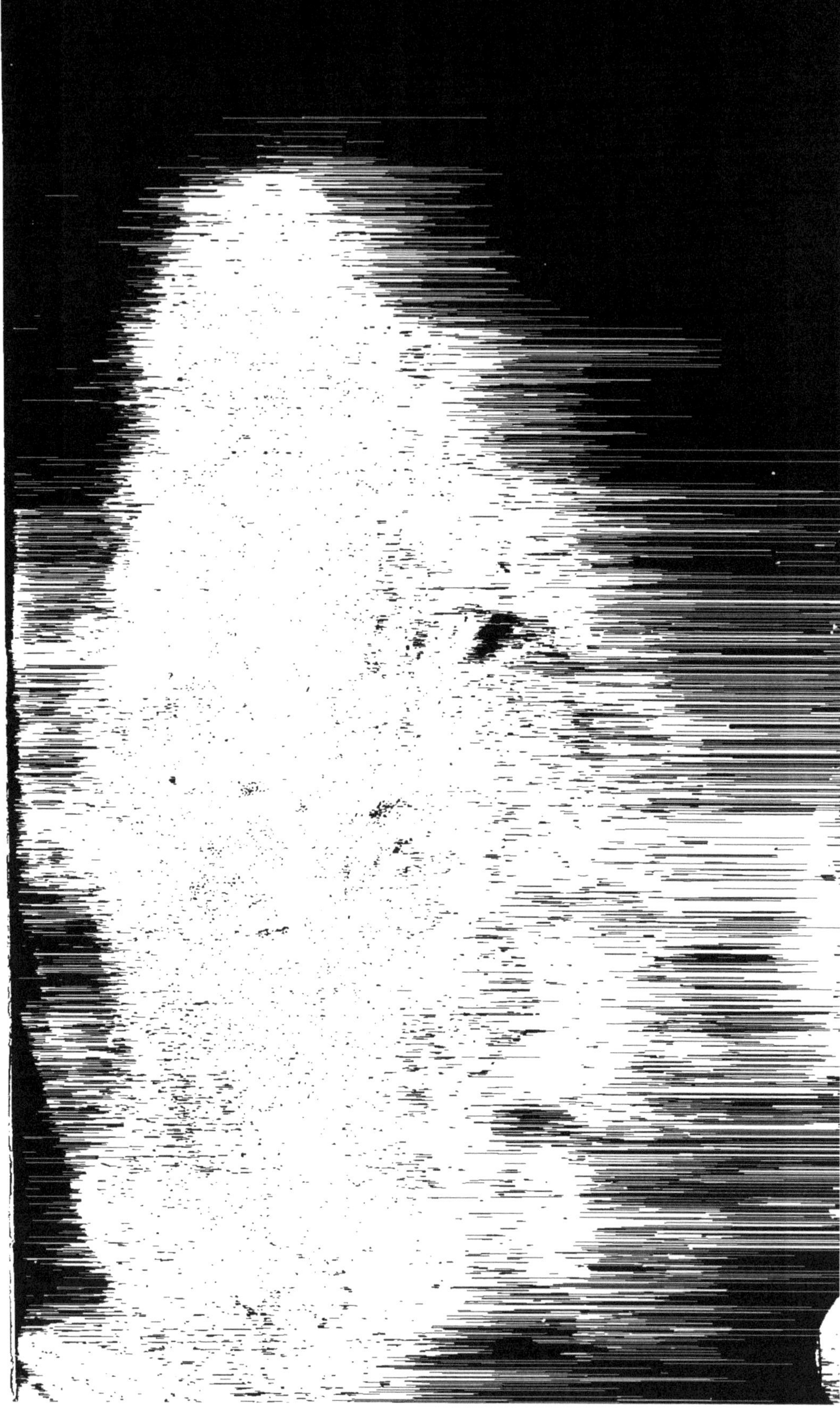

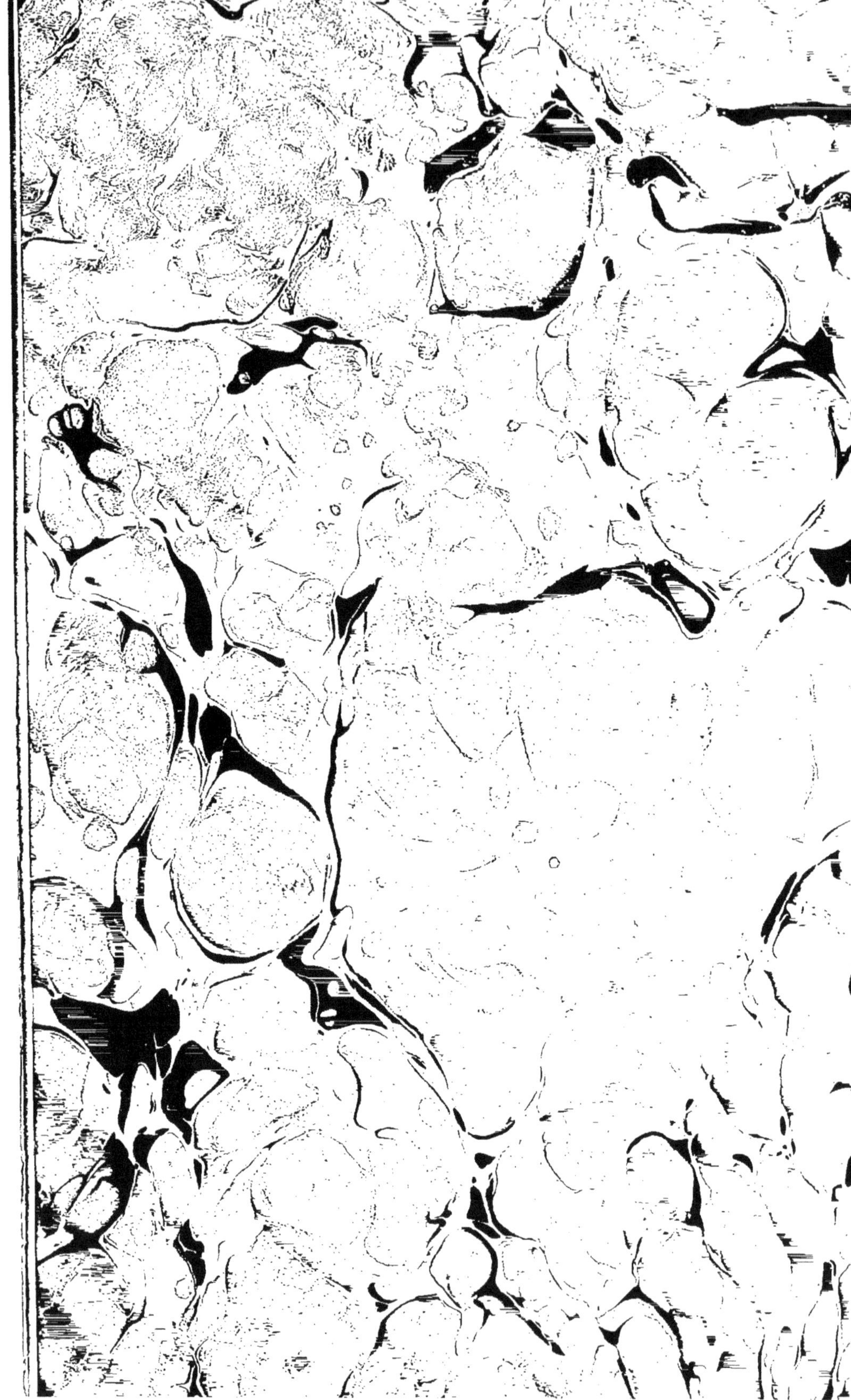

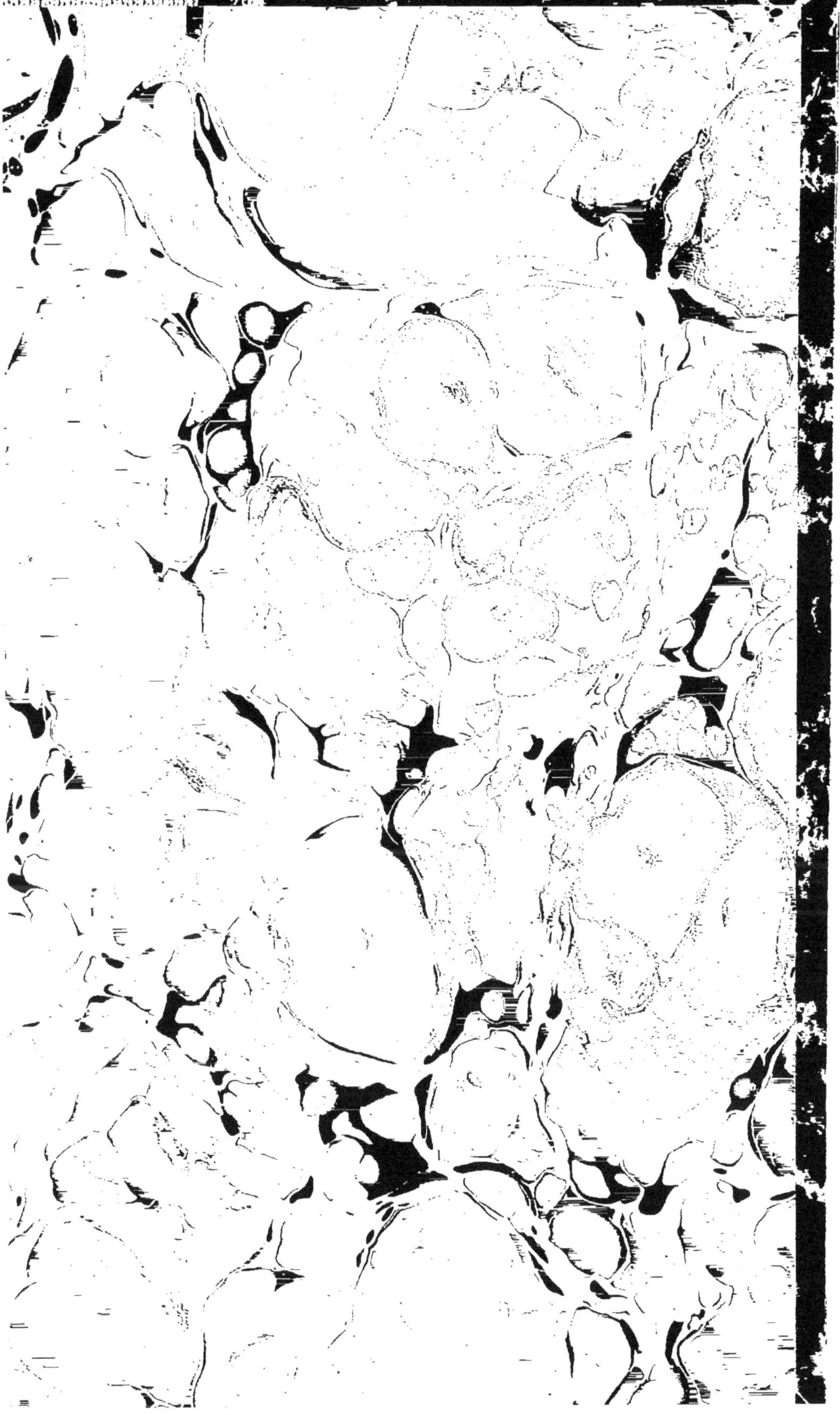

www.ingramcontent.com/pod-product-compliance
Ingram Content Group UK Ltd.
Pitfield, Milton Keynes, MK11 3LW, UK
UKHW012225240726
13966UKWH00003B/956

9 782013 282598